आलाप और अन्तरंग

[2000-2009]

आलाप और अन्तरंग

गोबिन्द प्रसाद

राजकमल प्रकाशन
नयी दिल्ली पटना इलाहाबाद

मूल्य : ₹ 200

पहला संस्करण : 2011

प्रकाशक : राजकमल प्रकाशन प्रा.लि.
1-बी, नेताजी सुभाष मार्ग
नई दिल्ली-110 002

शाखाएँ : अशोक राजपथ, साइंस कॉलेज के सामने, पटना-800 006
पहली मंजिल, दरबारी बिल्डिंग, महात्मा गांधी मार्ग, इलाहाबाद-211 001

वेबसाइट : www.rajkamalprakashan.com
ई-मेल : info@rajkamalprakashan.com

आवरण : महेश्वर

मुद्रक : बी.के. ऑफसेट
नवीन शाहदरा, दिल्ली-110 032

AALAP AUR ANTRANG
Aalapdharmi Gadhya by Gobind Prasad

ISBN : 978-81-267-2091-0

श्रद्धेय नामवर सिंह
और
विश्वनाथ त्रिपाठी जी को–
(जिन्हें मैं 'गुरुदेव' कहता आया हूँ)
जिनके व्यक्तित्व में
आलोचना की धूप और
सर्जना की छाँह का
अद्भुत मेल है

भूमिका के नाम पर

'आलाप और अन्तरंग' में छोटे-बड़े टुकड़ों के रूप में जो कुछ संकलित है वस्तुतः वह एक तरह से कहा-सुनी ही है। और; कहा-सुनी भी अपने आप से ही–किसी और (दूसरे) से नहीं। यह और बात है कि कोई 'और' अथवा 'अन्य' इसकी ज़द में आ जाए...तो वह सोने पर सुहागा!

संवाद-संलाप के इन टुकड़ों को संकलित कर पुस्तकाकार रूप देने की बात तो बाद में, बहुत बाद में सूझी–इनके लिखे जाने का सिलसिला तो जिस-तिस कॉपी में और बिखरे काग़ज़ों में जहाँ-तहाँ बहुत पहले से चल रहा था। हाँ; सिलसिला जैसा ही कुछ; मगर अटूट नहीं!

संवाद-संलाप...–समाज से, अपने बीते हुए से, अपने आज से और अन्ततः अपने आप से–अपने के भी अपने से। उस अपने से जो दिन-रात समय की गर्दिश में तिल-तिल मिटता है, बनता है। और; इसी मिटने-बनने की प्रक्रिया में कहीं अपने समय और अपने समाज की धड़कनों को कुछ और क़रीब से सुन पाता है–यही गोचर-अगोचर सृष्टि का भीतर से सुनना आलाप और अन्तरंग है। संवाद-संलाप में गुँथे होने के बावजूद विच्छिन्न चिन्तन से भरा यह स्वर–आलाप। स्वगत संवाद और एकालाप से लेकर संवाद-संलाप की व्याकुलता भरी बहुवर्णी छवियाँ और भंगिमाएँ इसी आलाप की संस्कृति का आईना हैं। एक प्रकार से आलाप में आकार लेता राग का अन्तरंग...!

कह नहीं सकता यह कोई यात्रा है, सुचिन्तित यात्रा। ...सोची-समझी अथवा पहले से तयशुदा तो क़तई नहीं। हाँ; चलना, जो मानव-जीवन की नियति है, चलने की उस राह में आने वाले

पड़ाव और भटकाव (भी!) शायद हों तो हों। जाने-अनजाने ऊबड़-खाबड़ रास्तों से गुज़रते हुए तीखे-तल्ख़ अनुभवों, रास्ते की अपनी धूप और पराई छाँह, और धूल-धक्कड़ सभी ने मेरे अनुभवों को बल्कि अनुभव के साँचे को एक नई ओप, एक नई चमक और एक नई धार दी। इस आलाप और अन्तरंग में उसकी मंद्र गूँज सुनाई देगी। और तो और संस्कारवान् पाठक उस गूँज, उस आलाप में निहित रूप-आकार की छायाएँ भी चीह्न सकेगा। जब-तब वादी-संवादी के दोनों छोरों के बीच समाये तनाव भरे अवकाश को, स्वर के लगाव में उपज भरकर राग के अन्तरंग को छूने की ललक इन टिप्पणियों के पार्श्व में रही है।

इसी दुनिया में रहते हुए कब किसी और दुनिया (यह 'और' दुनिया दूसरी अथवा पराई नहीं बल्कि यह 'और' तो कहीं ज़्यादा अपनी है...अपने से भी ज़्यादा अपनी) में चला जाता हूँ; कोई है मुझ में जो मुझ से सवाल-दर-सवाल करता चला जाता है, कोई है मुझ में जो टूट-टूट कर अपने को फिर-फिर गढ़ता जाता है...कोई है मुझ में जो रक्तस्नात-सा मेरी आँखों के सामने हर घड़ी मूर्तिवत् छाया रहता है...उसकी और उसमें समायी न जाने किस-किस की आर्त पुकार लगातार मेरा पीछा करती है–इसी आर्त पुकार से उपजे कुछ भाव-विचारों के अग्नि-स्फुलिंग चटककर बिखर गए हैं–किसी टूटे हुए तारे की तरह। गोया टूटे हुए तारों का आलाप...टूटे हुए तारों की क्षणिक कौंध का यह बिखरा-बिखरा सिमटा हुआ-सा हुजूम...इस कौंध में जो जितना रोशन हो गया मेरे अघाये मन ने अधीत भाव से उसे प्रसादवत् ग्रहण कर लिया।

यह आलाप...उसी कौंध, उसी प्रदीप्तमय क्षणों के चिथड़े हैं...इसी कौंध में 'अन्तरावलोकित' भाव-सत्य के धागे हैं। धागे; जो मनस्तत्व में घुमड़ते सम-विषम स्थितियों का प्लावन है। इन्हीं में कहीं छोटे-छोटे युद्धों में समाया अतीत जो इतिहास बनने को व्यग्र है तो कहीं वर्तमान की करवटें, उसकी शिकन जिनमें व्यक्ति से लेकर समाज तक के रिश्तों की उधेड़-बुन, राग-विराग की विषम ज्वाल...तर्क-विचार, भाव-बोध की गुत्थमगुत्था के साथ दबे-कुचले...अंकिचन...अपदार्थ...नाचीज़ इब्ने-आदम की दबी चीख़ के साये हैं...। पतन और पाखंड के चेहरे भी। और;...और पिघली

ठंडी ज्वाला की रेंगती लहक-सा कुछ...। और बहुत कुछ प्रयोजनातीत भी। और हाँ, संगति...के साथ...असंगतियाँ...और...विसंगतियाँ भी!

कवि होने के नाते गद्य पथ पर चलना भी प्रकारान्तर से मेरे रचनाकार के लिए अजाने पथ की खोज का अपूर्व अनुभव तथा अनोखा आस्वाद रहा है जिसमें कहीं-न-कहीं उस अर्थ की खोज भी अनिवार्यतः साथ रही है जिसकी सम्पृक्ति पाकर शब्द ही नहीं शब्द के बहाने जीवन और जीवन-मूल्यों के आधार सम्पन्नतर होते जाते हैं।

समय, समाज और ज़माने की राग-रागनियों को दिल के इकतारे पर निकालने की कोशिश तो बहुत की है—देखिए अब क्या होता है! सभा में बैठे विद्वतजन, रसिकजन, चतुर सुजान या फिर अच्छे 'सुनकार'—जो 'कानसेन' कहाते हैं—ही कुछ बता पाएँगे।

अभी तो मेरे कान उनके उसी 'बताने' की ओर लगे हुए हैं...!

—गोबिन्द प्रसाद

9 जून, 2011
नई दिल्ली

आलाप और अन्तरंग

अधिकाधिक अपने को उद्घाटित और उपलब्ध करने की जिस होड़ में तेज़ी से दुनिया का संकुचन हुआ है उससे वस्तुओं की उपस्थिति उस बाढ़ की तरह हो गई है बस जिसमें हम बहे जा रहे हैं। हम वस्तुओं को छू-टटोलकर उनके अन्तरंग में प्रवेश कर उनसे आत्मीय सम्बन्ध नहीं बना सकते। बस वे हमारी नज़रों के सामने से गुज़र भर रही हैं—पकड़ से नितान्त बाहर...गिरफ़्त की कल्पना से भी कोसों दूर! समय की गति इतनी तेज़ है कि सम्बन्ध बनने से पहले ही मिटने के लिए अभिशप्त हैं। कोई दृश्य अपनी पूर्णता को नहीं पहुँचता। दृश्य और आँख के बीच लय भरा संवाद टूट गया है। एक अपेक्षित अन्तराल जो चाहिए निर्मिति एवं सर्जना के लिए उसे समय की भौतिक आँधी ने तहस-नहस करके रख दिया है। 'अवकाश' नाम के पद को ही इस आधुनिक—अल्ट्रा आधुनिक संस्कृति ने ख़त्म-सा करके रख दिया है। इस स्थिति ने कविता के सम्मुख एक भारी संकट खड़ा कर दिया है—कि इस तेज़ी से संकुचित होते संसार में आई बाढ़ के परिदृश्य को शब्द में...सर्जना में...कविता में कैसे क़ैद किया जाए। क्योंकि काल के आयाम में कविता भी एक घटना है...इससे कविता अर्थात् घटित की भाषा सबसे पहले प्रभावित हुई है। उसके विषय बदल गए। रूप ध्वस्त हो गया। बिम्ब-प्रतीक काम नहीं दे रहे। शब्द झूठे पड़ गए हैं—शब्द-पदों के बीच अन्तराल रिक्त और सूने हो चले हैं जो कभी अर्थातीत मौन-से भरे थे। एकबारगी लग रहा है कि जिस समाज में हम जी रहे हैं और भौतिक सघनता के जिस विकराल रूप ने हमें घेरा हुआ है उसमें कोई राह, कोई दर-द्वार ऐसा नहीं है जो कविता की ओर खुलता हो।

...बहुत सी प्रजातियाँ मिट गईं धरती पर से;—क्या एक दिन कविता भी मिट जाएगी। कविता...कला!—अर्थात् जीने के लिए प्राण-वायु...जीने का दूसरा नाम...!

अभी सूरज नहीं उगा है। रात आँधी-सी चलने के बाद जो बारिश हुई थी हलकी-सी, उससे सुबह के चेहरे की रंगत बड़ी भली जान पड़ रही है। हालाँकि जब उठा था तो आसमान ऐसा नहीं था; खुला हुआ-सा। उस समय आसमान गुम था, एक उमस में घिरा, भावरहित। अब मालूम होता है कि आसमान के चेहरे का तनाव कुछ कम हुआ है और उसमें रंगों की आमद हुई है। बहरहाल मैं कहाँ आसमान से उलझ गया। मैं तो रघुवीर सहाय से उलझता हुआ, उनकी कविता से दो-चार हो रहा था। दरअस्ल हुआ यह कि कुछ कविता संग्रह लेकर बाहर टैरेस पर आ बैठा। सबसे पहले 'आत्महत्या के विरुद्ध' को उठाया और पढ़ी हुई चीज़ों को फिर पढ़ने लगा। बहुत-सी बातें उनकी कविता के मुताल्लिक़ मन में उठने लगीं। मसलन एक तो यह कि उनकी वाक्य-संरचना अपने समकालीनों से काफ़ी अलग है, बल्कि शायद एकदम अलग। फिर; कविता में उनके यहाँ जो पंक्तियों का टूटना है यानी पंक्ति कहाँ ख़त्म होगी और फिर नई पंक्ति कहाँ से शुरू होगी, माने कहाँ तक चलकर रुकना है, रुकने के बाद फिर कहाँ से चलना है, फिर चलते वक़्त कहाँ ठहराव है और तो और कहाँ सरकते हुए चुप होकर पहुँचना है, वग़ैरह-वग़ैरह!

दरअस्ल उनके यहाँ जो संवेदना या भाव-बोध है : वे सब लय-गतियों, और अनुभव की ही शक्लो-सूरत हैं। इन संरचनाओं में अनुभव-शिशुओं के वो चेहरे हैं जो कवि की संचित वेदना के संस्कार-साँचे का पता देते हैं। वाक्य संरचना में छिपी ये गतियाँ उनकी काव्य-संवेदना या काव्य-दृष्टि की अलामत हैं और आईना भी। असल में, बात तो कुछ और ही थी जो मैं कहने चला था लेकिन शुरू से सिलसिले को पकड़ने के चक्कर में कुछ और बातें पहले आ गईं। यह पहले और पीछे का भी ख़ूब चक्कर है। कुछ करने बैठो या कुछ लिखने बैठो तो सबसे पहले इसी समस्या से दो-चार होना पड़ता है—इससे नजात कहाँ। हर घड़ी हम वक़्त की ज़द में हैं। अजब क़ैद है वक़्त की कि दिखाई भी नहीं पड़ती लेकिन, घेरे हर लमहा रहती है। वक़्त की दरियादिली है, दिलजोई है उसकी।

फूल को देखा है...! कभी फूल की पंखुड़ियों को धीरे-धीरे खुलते हुए देखा है—अपने से! जीवन का रहस्य और सृष्टि का मर्म जैसे साक्षात् उद्‌घाटित हो रहा

हो! कभी-कभी किसी कविता में जीवन-सत्य कुछ इसी तरह धीरे-धीरे खुलता जाता है...और एकाएक सारा संसार जैसे जगमग-जगमग-सा नाचता हुआ पुतली में समाने लगता है...विह्वलता से भरे तन्मय आह्लाद के वे क्षण...इसी जीवन में जैसे स्वप्न में देखे गए जीवन-सार और जीवन-सत्य को छू लिया हो आँखों से! ऐसे ही किसी क्षण में ज़िन्दगी ज़िन्दगी नहीं ख़्वाब लगती है।—गुमान होता है कहीं स्वप्न तो नहीं देख रहे। सच...हाँ सच, और हाँ; यथार्थ भी स्वप्न में देखी हुई दुनिया से कहीं अधिक रहस्यमय होता है कभी-कभी! स्वप्न में भी जिसे कभी न देखा हो और स्वप्न तक में जो न सूझा हो जीवन में, सचमुच में, यथार्थ में ऐसा-ऐसा घटित होता है!

लेकिन, मैं तो फूल की पंखुड़ियों को धीरे-धीरे खुलते हुए देखने की बात कर रहा था। दरअस्ल बात तो कुछ यूँ थी मन में कि लिखी जाने के बाद कविता अपने आँचल में अनुभव के उस आलोक वृत्त या संघट्ट को समेट लेती है जो कवि के मानस-स्मृति के संचित कोश में उसके देखे-भोगे हुए यथासामर्थ्य अतीत से आज तक एक साथ समानान्तर सत्ताओं के नानारूप बन कौंध रहे थे। सहकालिक रूप से समानान्तर सत्ताओं के कौंधने के विभिन्न वैकल्पिक अनुभव-व्यापार समयों में से सर्जक के द्वारा किसी एकीकृत देश-काल के सत्य का चयन करना और उसे सर्जना मंडित कर रचना के रूप में प्रतिष्ठित करना बहुत कुछ तनाव भरा लेकिन साथ ही सहज नैसर्गिक स्वतः स्फूर्त सद्यः घटित चेतन व्यापार भी है। और कभी-कभी तो यह चेतन से ज़्यादा अवचेतन में स्वप्न का एकाएक मानो मानस पटल रूपी सेलोलाइड पर छवियों का शब्दांकन और चित्रांकन में ख़ुद-बख़ुद रूपांतरित होते जाना है। इस पूरी प्रक्रिया के बाद तो जैसे अभी-अभी उस व्यक्त अथवा उद्‌घाटित हुए संसार को कविता अपने भीतर समेटकर मानो अपने आपको किसी आवरण में बन्द कर लेती है। और जितना ही ज़्यादा वह अपने आपको बन्द कर लेती है, उसे पाने और उसके भीतर जाने की उत्कंठा उतनी ही अधिक बढ़ती जाती है। अब मेरी वह बात फिर से याद कीजिए...पंखुड़ियों को धीरे-धीरे खुलते हुए देखने वाली बात। कविता आपके सामने है लिखी हुई यानी खुली हुई है लेकिन फिर भी एक तरह से बन्द है, अब मेरी समस्या फिर से उसे पाने की है (फिर से इसलिए कि एक बार तो उसे कवि ने पाया था)—श्रोता या पाठक की हैसियत से। मैं कवि के उसी सर्जनात्मक क्षण में उतरना चाहता हूँ जिसके वशीभूत होकर कवि ने उसे रचा था। यथासामर्थ्य गृहीत अतीत के संचित कोश के रचनात्मक क्षण के अवचेतन बहुल व्यापार की अनुभूति-प्रक्रिया में मैं साझा करना चाहता हूँ। यह साझा करना कहाँ तक सम्भव

है? या कि इससे पहले यह पूछूँ कि यह साझा करने की चाह कहाँ तक उचित है। (क्योंकि वह दूसरे का कमाया हुआ सत्य है, इसमें मेरा साझा होगा भी अगर तो एक सीमा तक ही न!)

लय ही वह चीज़ (तत्त्व) है जो कविता में या किसी कला में चले आ रहे भाव-बोध अथवा अनुभूति के सान्द्र गति-रूपों (चल-रूपों) के आन्तरिक नैरन्तर्य (सिलसिले) को उद्‌भासित करती है। इतना ही नहीं, उसमें निरन्तर प्रवाहमानता बनाए रखकर विषय-वस्तु की मूल प्रतिज्ञा के जिस भाव-भंगिमा अथवा मूल संवेगात्मक आग्रहों से आप (कवि-कलाकार) काव्य में प्रवृत्त हुए थे, लय उसमें एकत्व और एकतानता स्थापित किए रहती है। इस प्रकार लय वह तत्त्व है जो संवेदना एवं भाव-बोध को एक अदृश्य सूत्र-सम्बन्ध से बाँधे रहती है। कविता, वास्तुकला और चित्रकला में इसे बनाए रखना और पहचानना ज़रा मुश्किल हो सकता है लेकिन संगीत में यह (लय) वैसी अदृश्य नहीं जैसी कविता में। अर्थात् संगीत में तो यह अति मुखर रहती ही है। रूपायन और अलंकरण करने के जितने भी पहलू हैं मेरी नज़र में वे सब अन्ततः काव्य-संवेदना को उजागर करने की ही प्रच्छन्न युक्तियाँ हैं।

वस्तुतः लय संवेदना का बहुत बारीक तन्तु है और प्रायः ऊपर से वह अदृश्य रहता है। उसे देखा नहीं जा सकता क्योंकि वह शब्द रूप में प्रत्यक्ष नहीं है। लय दिखाई भी देती है और सुनाई भी देती है। लय जब तक सुनाई देती है वह स्वर और उसके उच्चरित रूप से बँधी है यानी स्वर (सुर भी!) की अदायगी से ताल्लुक़ रखती है। ध्वनि के अतिरिक्त वह जहाँ भी है अपने को दृश्यत्व रूप में ही व्यक्त करती है।

यद्यपि शब्द में ही वह समाई रहती है। वह शब्द में विहित है, प्रछन्न रूपा है। वस्तुतः श्रव्य संस्कार पाने पर वह अति मुखर एवं अति प्रखर रूप धारण करती है। भाव-बोध और अनुभव के आन्दोलन से भरे गत्यात्मक स्वरूप को ऐसे अनुक्रम में बाँधती है जिससे विषय-वस्तु अथवा संवेदना का घनीभूत रूपायन सम्भव हो पाता है। उसे देखा भी जा सकता है, सुना भी जा सकता है। और सुनने में भी वह ऐसी ध्वनियों का संपुजित प्रवाह है जिसे शायद 'श्रुतियों' के समकक्ष रखा जा सकता है। इन श्रुतियों में ही काव्य संवेदना का उत्स छिपा रहता है,...निहित रहता है। बल्कि यह लय ही भाव-बोध का प्रसुप्त उन्मेष है। संवेदन को प्रवाहित करनेवाला अदृश्य निर्झर है जो ऊँचे-नीचे दुर्गम पथों से होता हुआ, अनोखे मोड़ों

पर ठहरता-ठिठकता, बल खाता और अपने-परायों से टकराता, संवाद करता, अनोखे रूपाकार में अपने को ढालता है। कभी-कभी तो किसी कविता में लय का अन्तर्निहित प्रकाश और आवेग इतना छाया हुआ होता है कि लय ही काव्य-संवेदना का पर्याय बन जाती है। बहुधा यह लय ही संवेदना का मिज़ाज तय करती है। वह संवेदन प्रकृति और उसके स्वभाव का निर्धारण करती है; यहाँ तक कि उस संवेदन का वर्ग और कोटि निर्धारण भी। यहाँ तक कि वह अर्थ संवाहक भी है...और तो और संवेदन का तंतुओं में प्रवहमान संगोपन अर्थ-छवियों को भी उद्घाटित और प्रकाशित करती है। बशर्ते कि कविता की धमनियों में व्याप्त लय को पकड़ने-पहचानने और हाँ, सुन सकने का सामर्थ्य हम रखते हों। इस प्रकार वह अर्थ की श्रीवृद्धि भी करती है और अनुभूति को वैशिष्ट्य भी देती है।

वस्तुतः लय अनुभव-संवेदन की गति का ग्राफ़ है। लय संवेदना-स्वर का आईना है। लय अनुभव का प्रकाश है और अनुभूति का नियमन भी करती है। लय काव्य तत्त्व की श्रीवृद्धि करनेवाली सन्निधि है।

कविता मृत्यु के गलियारे तक ले जाने की कला है। कविता जीवन को सोखती हुई मौत के उजाले तक पहुँचती है। शब्दों का उजाला होने का उजाला है। यह होना अपने जन्म से ही अनिवार्यतः नास्ति भाव से बद्धमूल है। क्षरण उसके प्रारब्ध से लिपटा हुआ है। मृत्यु के द्वार तक कैसे पहुँचना है यही तो कला सिखाती है–पतझर में झरते हुए पत्ते का सौन्दर्य देखिए; किस वसन्त से कम है! सुख का सातत्य आनन्द को जन्म नहीं दे सकता। आनन्द की अनुभूति तो सर्जना के समुद्र में पड़ने वाले भँवर में होती है।

कविता के शब्द सत्य का पीछा करते रहते हैं। हम जीवन-भर शब्दों की टॉर्च से सत्य को तलाशते रहते हैं।...सत्य मृत्यु है। नहीं...अगर मैं इसे उलटकर कहूँ... मृत्यु सत्य है–तो, कोई फ़र्क़ पड़ेगा!

दरअस्ल कविता रूह का लिबास है। अदृश्य सत्ता का पराग जगाती वह हमारे भीतर शब्दों का उजाला लेकर उतरती है। शब्दों का न दिखाई देनेवाला पराग उस रहस्य भरे इलाक़े में ले जाता है जहाँ ज़िन्दगी का आख़िरी सच हमारा इन्तज़ार करता है।–नीले हिसारों वाला देश। इसीलिए शब्द; मृत्यु की छाया को बींधने वाला मंत्र।

शब्द : कालजित् सृष्टि। मौत को सँवारनेवाला।

मुझे शब्द की खोज इसलिए करनी पड़ती है कि मैं अपने दुख का चेहरा/हुलिया बयान कर सकूँ जो कमोबेश ज़माने का ही दुख है। मैं शब्द इसलिए नहीं खोजता कि मुझे शब्द का वैभव दिखाना है या कि दीनता का मंचन कर ताली पिटवाऊ सहानुभूति बटोरनी है। या कि शब्दों को ख़रीदे हुए किसी नायाब या क़ीमती सामान सा सजाकर नुमाइश करनी है। परम्परा से प्राप्त भाषा के तंग गलियारे से गुज़र कर अनुभव रूपी समुद्र में उठनेवाले ज्वार और भँवर के जटिल रूपों को व्याप्ति देने के लिए मैं शब्द (को) चुनता हूँ। भाषा में कहना या आह्लाद अथवा दुख को बहुत पास से सुनने-देखने के साथ ही बहुत क़रीब से छूकर देखने के लिए मुझे उस शब्द की तलाश होती है जिसे लोग शायद कविता कहते हैं।

शब्द तो मुझे इसलिए चुनना पड़ता है क्योंकि असल में मुझे अनुभव की कील ठोकनी है। और अनुभव की ही यह कील है जो आपादमस्तक यानी सर से पाँव तक दिलो-दिमाग में गड़ती रहती है।

कभी-कभी तो मैं अपने ही जिस्म की डाल पर अनुभव की यह कील गाड़ता हूँ और शब्दों के फूल खिलने का इन्तज़ार करता हूँ।

कुछ लोग कह गए हैं कि इन्तज़ार करना मरने की कला का अनजाने ही आयोजन करने जैसी कला है। यह इन्तज़ार एक लाचारी है और आदमी है कि आदतन लाचार है। वइ इन्तज़ार करने की आदत का गुलाम है। इन्तज़ार का कोई विकल्प नहीं है ठीक जैसे मौत का कोई विकल्प नहीं होता। इस निर्विकल्पता को नियति की तरह स्वीकार करने के सिवाय दूसरी कोई राह नहीं है।

इन्तज़ार करना दरअस्ल कलाकारों का वसन्त है। वस्तुतः यह अनुभव के अपार समुद्र को शब्द के दीये की टिमटिमाती लौ रूपी डोंगी से पार करने जैसा ही है। एक अरबी कहावत में इन्तज़ार को क्या ख़ूब पेश किया है–'अल् इन्तिज़ारो अशद्दो मिन-अल्-मौत।' अर्थात् इन्तज़ार मौत से ज़्यादा शदीद होता है।

इसी सन्दर्भ में त्रिलोचन की भी एक छोटी कविता 'प्रतीक्षा' याद आ रही है–

'प्रतीक्षा की
नागिन ने मुझ को
लपेट लिया'

(**अरघान : पृ. 28**)

...तुम नहीं हो। तुम्हारा चेहरा धुँधला गया है...बस, तुम्हारी आँखें जगी हैं मेरे ख़्वाब में। अब ये आँखें भी जाने कहाँ खो गईं...। सपना; जैसे सपने में लय हो गया।...घुल गया। जागता हूँ तो याद के कुछ नुक़ूश रह गए-से जान पड़ते हैं। याद...जैसे बदन में नग़मा बनकर सो रही है। फिर धीरे-धीरे कसक-भरे आलाप के साथ राग की मानिन्द वह मेरे भीतर गूँजता है। फिर दिन भर याद की तरह मुझ में घुमड़ता रहता है; भीतर-ही-भीतर। पहलू बदलता। आलाप की तरह...सोई हुई हूक की तरह!

कभी सोचता हूँ सोए हुए बदन में सोया हुआ नग़मा...सोया हुआ राग–जागकर कब बहेगा राग और रोशनी का एक दरिया!

फिर सोचता हूँ :

जागे हुए जिस्म में सोया हुआ नग़मा और फिर सोचता हूँ :

सोए हुए राग में जागा हुआ जिस्म
और फिर मिसरा-दर-मिसरा वो शेर दिल में उतरता जाता है–

'एक मुअम्मा है समझने का न समझाने का
ज़िन्दगी काहे को है ख़्वाब है दीवाने का।'

कविता वह कुछ है जो मुझे मेरा अधूरापन बताती है। जैसे-जैसे वह पूरी होती जाती है, अब तक अनदीखा रहा आया मेरे सम्मुख आ खड़ा होता है। मेरा अधूरा पूरा होता जाता है। जितना यह अधूरा पूरा होता जाता है साथ-ही उस होते हुए पूरे में से फिर एक अधूरा जन्म लेता जाता है। यह रूप पर रूप धारण करने की प्रक्रिया मुझे सम्पन्नतर बनाती जाती है–'एक मैं कितना अधूरा हूँ' (रघुवीर सहाय) –मुझे यह मेरी कविता बताती है।

...कविता! हर बार एक नई आस जगाती है। कविता मेरी बेतरतीबी की 'कलाई पकड़' है। वह मुझे हर बार तरतीब देने की कोशिश है। वह मेरे बेगानेपन से हाथ मिलवाती है। मुझमें ही जो मेरा (या मुझसे) अजाना दरिया है उसमें कविता 'परिचय की गाँठ' लगाती है लहरें बनकर। 'देर से इन्तज़ार है अपना'

वाला आलम जब रहता है तब तक मैं कविता के सहरा में लापता रहता हूँ। इसीलिए जब तक अपना पता नहीं है, तब तक काल की क्रूरता से बाहर हूँ। उसकी ज़द से उसकी हदूद से बाहर हूँ। लेकिन न सिर्फ़ बाहर हूँ बल्कि अपने इस लापता काल के सर्जना समय की देहलीज से ही भौतिक काल की दुर्दमनीयता को ललकार भी पाता हूँ–

एक दुनिया मैं अपने अन्दर हूँ
इस क़फ़स की फ़ज़ा से बाहर हूँ

सर से पा तक लहू टपकता है
आप अपनी अना का मंज़र हूँ

हासिले-सद-सफ़र है बेताबी
पहले दरिया था अब समन्दर हूँ

–हसन नईम

जीवन...वह तो चारों ओर बिखरा पड़ा है। उसके बीच हम रहने के इस क़दर अभ्यस्त हो चले हैं कि उसके सौन्दर्य, अनोखेपन और वैचित्र्य को देखकर ठहरते कहाँ हैं! (अव्वल तो यह 'वैचित्र्य' बहुतों को दिखाई ही कहाँ देता है जो ठहरेंगे...) और जिन्हें इस वैचित्र्य को देख पाना नसीब हो भी जाए तो इसे 'नीहारना' और फिर नीहारे हुए को किसी कला-रूप में बद्ध करना/बाँधना/सँजोना/समोना उनसे कहाँ सम्भव हो पाता है।

कला रूप भी आत्मचेतस होने की वह प्रक्रिया है जो हम में विश्वचेतस होने की भाव-प्रक्रिया जगाती है।

जीवन को पाने की कला भी वस्तुतः साधन ही है। जीवन में मर्म, तत्त्व, तर्क, अर्थ (वह सब कुछ जिसकी हम ज़िन्दगी भर तलाश करते हैं)–जो कुछ भी है वह इतना सहज और सामान्य रूपों में बिखरा होता है कि वह अतिसामान्य रूप में निहित होने के कारण ख़ुद एक भेद या रहस्य बना रहता है–दरअस्ल कला इसी रहस्य के मर्म को बेधती है। कला जीवन के मर्म को अनुभूति के पियाले से छलकाना जानती है–इस छलके हुए को कोई होंठों से लगा ले तो जीवन में विवेक की बिजली कौंध जाती है। विवेक की यही मणि आनन्द की शरण में भी ले जाती

है जहाँ सारे भेद मिटकर तदाकार हो जाते हैं। कला और जीवन अलग कहाँ हैं। कला के जितने भी रूपाकार हैं सब तो जीवन-जगत से ही उपजे हैं। जीवन तो वह खेत है जिसमें कला का बूटा एक दिन जवान होकर अपना रंग-रूप लुटाता है।

कला और जीवन–यह सही है कि–अलग-अलग नहीं है लेकिन कविता अथवा कला के सन्दर्भ में जीवनानुभूति और कलानुभूति दोनों को बहुत यांत्रिक दृष्टि से एक ही समझने की भूल भी नहीं करनी चाहिए। एक तो जीवन अपने आप में इतना विराट है, इतना व्यापक है कि उसके समग्र और समस्त को देख पाना, सुन पाना, छू पाना अर्थात् उस सबको अनुभव की परिधि में समेट पाना असम्भव कार्य है। क्योंकि इन्द्रिय गोचर से परे वह अतीन्द्रिय भी है। अतः इसे छू पाना तो सम्भव है ही नहीं; वह अनुभव भी किसी बिरले को ही होता होगा। इतने बड़े महालोक के विराट् भुवन की कला में हम किसी एकाध गली की झाँकी भर भी पा सकें तो बड़ी बात है। उस भुवन की सम्पूर्ण झाँकी हम अपने कहे शब्दों में (कविता में) नहीं दिखा सकते। इसीलिए हम अर्थों की भिन्नता पर–और भिन्न अर्थों को लेकर आपस में उलझते रहते हैं। उलझने का एक कारण कला में शायद यह भी होता है कि जो व्यक्त हो सका है जैसा (व्यक्त) हो सका है वह अलग! वह उस समस्त ब्रह्मांड की विराट सत्ता का या तो एक अंश मात्र है या फिर खंड रूप है या फिर खंडित चित्र है। अर्थात् वह अधूरा सच है, सम्यक् सत्य नहीं। यूँ भी कला-रूप शाश्वत नहीं होते, वे अपनी प्रकृति में क्षरणशील ही होते हैं। अतः किसी भी कला-रूप में या एक कलाकृति में जीवन न तो अपने अन्तिम सत्य को प्रकट कर सकता है और न ही कोई कलाकार सृष्टि के सम्यक् सम्पूर्ण सत्य को उद्भासित कर सकता है। ज़ाहिर है इस सम्यक् और सम्पूर्ण की तलाश में हर कलाकार रहता है। कला के माध्यम से जीवन की समग्रता को पाना ही कलाकार का अभीष्ट होता है। मुक्तिबोध की लम्बी कविता के अन्त की ओर देखिए जहाँ वे गली-गली सड़क-सड़क झाँक-देखकर आत्मा के इतिहास, आदर्श-विवेक, समन्दर-पठार-पहाड़ सबको अपनी दृष्टि में लाकर आख़िरकार कहते हैं कि–

"जहाँ मिल सके मुझे
मेरी वह खोई हुई
परम अभिव्यक्ति अनिवार
आत्म-सम्भवा।"

यह अनन्त और अविराम व्यापार है–कहीं और कभी न ख़त्म होनेवाला सिलसिला। बस, एक अनवरत प्रक्रिया है तदाकार होने की प्रक्रिया–'सरापा आरज़ू होने...' के नताइज हैं ये सब। वैभिन्न को मिटाकर अभिन्न भाव से भर जाने की

सहज प्रक्रिया–इसी अभिन्न भाव से कला का जन्म होता है और मनुष्य के भीतर एक नए मनुष्य का जन्म भी। लेकिन यह नया इनसान पैदा करने की प्रक्रिया अपने आप में यंत्रणा-भरी है–कवि-रचनाकार को रचना के समय इस यंत्रणा से गुज़रना पड़ता है। इसी अभिन्न भाव से रचना में दीप्ति भी आती है। यह अभिन्न भाव ही सर्जक बनाता है। अभिन्न भाव की इस प्रक्रिया से गुज़र कर ही हम सर्जना की चौखट तक पहुँच पाते हैं। उस स्थिति को प्राप्त होने पर ही तो यह सत्य हाथ लगता कि 'कहना सब सुनना है, स्वर केवल सन्नाटा।' इस अभिन्न भाव और सर्जना के सह-सम्बन्धों को 'चिड़िया ने ही कहा' कविता किस ख़ूबी से हमारे सामने रखती है। पूरी कविता को कविता की रचना-प्रक्रिया ही समझो। पूरी कविता को देने का लोभ संवरण कर यहाँ केवल ये अन्तिम पंक्तियाँ ही दे रहा हूँ जिनमें सर्जना के गुर और सार को यूँ रखा गया है–

'कहीं बड़े गहरे में
सभी स्वैर हैं नियम,
सभी सर्जन केवल
आँचल पसारकर लेना।'

(अज्ञेय)

उस छोटी सी यात्रा में मैं उसे कोई नाम नहीं दे सका।

जो नाम सूझता, सुना-सुनाया लगने लगता, बासी जान पड़ता, झरे हुए पीले-कुम्हलाए फूल की तरह। फिर कोई नया नाम सूझता। थोड़ी देर के बाद ही वह भी अर्थ की चमक खोने लगता। लगता, बरसों से इस नाम को मैं सुनता चला आ रहा हूँ। सुना-सुनाया नाम मैं क्यों रखूँगा। ज़माना जिसे बोलता-कहता आया है उस नाम से तुम्हें मैं क्यों पुकारूँगा। फिर कोई नया नाम सूझता तो थोड़ी देर में ही उसका नाद सौन्दर्य और लय का जादू फ़ीका पड़ने लगता। मैं मन-ही-मन उस नाम से तुम्हें बुलाकर देखता। कभी-कभी तो उसमें ग़ुस्से की सूरतें बनाकर, बोल-बोलकर भीतर-ही-भीतर सुनता। नाम की तलाश में फिर देवी-देवताओं की कुल-यात्रा भी की। लेकिन बात नहीं बनी। देवी-देवताओं के कुल-सरीखे नाम रखकर मुझे लगता था कि जिन खुरदरे हाथों से मैंने उस प्रेम को पाला-पोसा है वह देवलोक जैसा वायवीय होकर मेरी छुअन से दूर न हो जाए। और; फिर नाम की आध्यात्मिकता से ही मुझे किसी दूसरे लोक में तुम्हारे चले जाने की आशंका

की अनुभूति घेर लेती। अध्यात्म...और रहस्यानुभूति में तो दुई की परम प्रतीति होने लगती है। जबकि मैं तुम्हें अपने साथ रखना चाहता हूँ। अपने पास रखना चाहता हूँ। यह साथ रखना और पास रखना तो भौतिक स्थितियाँ हैं। मैं दरअस्ल तुम्हें अपने भीतर रखना चाहता हूँ। तुम रक्त और मज्जा की तरह मेरी आँखों में चमको और मुझे देखो। वास्तव में मैं कोई ऐसा नाम रखना चाहता जिसमें दुनिया का सारा सौन्दर्य समाया हुआ हो। मैं तुम्हें किसी ऐसे नाम से बुलाना चाहता था जिसमें अब से पहले प्रेम की पुकार कभी न सुनी गई हो। मैं तुम्हें उस नाम से बुलाना चाहता था जो मेरा अपना दिया हुआ हो। जिसे मैंने गढ़ा हो। लेकिन यह क्या होता जा रहा है, जितना ही मैं नाम चुनने की प्रक्रिया में गहरे उतरता जाता हूँ, हर नाम उतनी ही तीव्रता से अपनी दीप्ति खो बैठता है। हर नाम अधूरा और ओछा जान पड़ने लगता है। कोई नाम ऐसा हाथ नहीं लग रहा जिसमें दुनिया समाई जाती हो, जिसमें तीनों लोक का राग छलकता हो। कोई ऐसा नाम, कोई ऐसा ध्वनि समुच्चय जिसमें जीवन का महाराग छलकता हो और कोई ऐसा शब्द जिसमें मेरा दिया गया प्रेम और तुम्हारी जिजीविषा हुलसती हो साथ-साथ।

...और फिर अब तो सारे नाम ज़बान पर आने से पहले ही एक-से जान पड़ने लगते हैं। पहले शुरू में मैं कैसे सोच-सोचकर एक-एक नाम लाता था। उस पर मन ही मन सोचता और फिर उसकी झोली में डाल देता। फिर कोई नया नाम देता उसे ख़ुद ही टटोल-टटोलकर छूकर देखता...दूर-पास से ख़ुद ही बोल-बोलकर सुनता। किसी नाम के आदि अक्षर का आकार नहीं भाता तो किसी के अन्तिम अक्षर की ध्वनि, जहाँ लय आकर समेट लेती है अपने को। कभी अर्थ का चक्कर तो कभी अर्थ की दीप्ति का तो कभी अर्थ की व्यापकता का तो कभी अर्थ गौरव का। यह सब मिल भी जाए तो फिर शब्द, ध्वनि और नाद सौन्दर्य का...। यह सब मिल भी जाए तो पुकार में लय का जादू भी तो चाहिए जिसमें प्रेम, करुणा, क्रोध जैसी मनस्थितियों में मेरी वह लय बनी रहे जिसमें मैं उसे जी-जान से चाहता हूँ।

लेकिन अभी तक मुझे कोई ऐसा नाम नहीं मिला कि जिसमें मैं उसे जी-जान से चाह सकूँ।

मैं कैसा कवि हूँ एक नाम नहीं दे सका; जिसे देने के बाद मैं कह सकूँ यह मेरा दिया हुआ है। कविता लिखने के बाद भी मुझे अक्सर इस नाम देने की तकलीफ़ से गुज़रना पड़ता है। रचने या गढ़ने के बाद यह शीर्षक देने की प्रथा कितनी ज़रूरी है?

हाँ; लेकिन इतना ज़रूर समझ में आ गया कि प्रेम को कोई नाम देने के लिए एक यात्रा काफ़ी नहीं। शायद फिर किसी यात्रा पर निकलना होगा और अब तो लगता है कि यह अनन्त यात्रा पर निकलने जैसा है। यह तो एक सिलसिला है जो कहीं ख़त्म होता नहीं दीखता। इसलिए प्रेम शायद रास्ता ही रास्ता है, मंज़िल का निशाँ ढूँढ़ना बेमानी-सा जान पड़ता है!

कविता या कोई दूसरी कला मुझे इसीलिए पसन्द है और प्यारी भी कि वहाँ कोई दूसरा नहीं बल्कि मैं ख़ुद ही (हर वक़्त अपने साथ-साथ) निरन्तर दुनिया को एक साँचे में ढालता चलता हूँ। सिर्फ़ दूसरों को ही नहीं ख़ुद अपने को भी रचता-गढ़ता और इसी अर्थ में आविष्कृत करता चलता हूँ। मैं क्यों लिखता हूँ?...शायद इसलिए भी कि निरन्तर नए होने का अहसास कला मात्र ही में जागता है। मुझमें से मैं ही रचा जाता हूँ बार-बार। यह जो रचे जाने का सुख है इसमें एक ही साथ रचने और दिए जाने का भाव–? ऐसी प्रक्रिया है जिसमें माध्यम की तोषपूर्ण भूमिका दिखलाई पड़ती है। क्योंकि मैं वक़्त को अपने साँचे में ढालता हूँ–पात्रों और चरित्रों के रूप में, घटना और स्थितियों के रूप में–तो यह जो सर्जना का बोध है यही अन्ततः मेरे लिए विस्मयकारी है; नियन्ता या नियामक शक्ति के अहं से यह सर्जना बोध संचालित नहीं होता। मैं लिखता हूँ या कुछ रचता हूँ तो इसलिए कि शासकों, व्यवस्थापकों और समय की क्रूरताओं को अपने बनाए हुए साँचे में लाकर अपनी तरह से नचाऊँ;...और तथाकथित छोटे, नीचे समझे जाने वाले और अबोध लोगों का हृदय समुद्र जितना विशाल हो उठे कि एक दर्द की लकीर उनके हाथों को छूकर नग़मे में ढल जाए। इतनी व्याप्ति, ऐसी सघनता, ऐसी पवित्रता और इतनी समाई होनी चाहिए मेरी रचना में...मेरी कला में! मेरी कविता में...!

कविता मेरे कमरे में दुनिया के सारे सामान की तरह बिखरी पड़ी है :

और भाषा सिर्फ़ घेराबन्दी से ज़्यादा कुछ नहीं कर पा रही थी। एक ढाँचा कभी-कभी लय की ओर से बनता दीखता था फिर विचार का बाज़ार किसी झोंके की तरह मिटा जाता था और अन्विति के तो पाँव ही नहीं थे, टिकती कहाँ से।

× × ×

अनुभव का आकाश अब भी बर्फ़ की चट्टानों-सा खड़ा है।
भाषा का अग्निखोर जल (भाषा का झरना)
विवेक की चट्टानों पर सर पटकता है
लेकिन
भाषा जब ख़ुद एक तिलिस्म में बदलने लगती है तब...

तब वह जितनी दूर तक आईना बनती है उससे ज़्यादा कहीं दीवार बनती जाती है। भाषा जितना ज़ाहिर करती है उससे कहीं ज़्यादा छिपाती है।

—यह ज़ाहिर करना और छिपाना ही भाषा की देह में अनुभव (कविता) की साँसों की कशमकश है। रही बात बिम्ब-प्रतीक आदि की—वह सब भी तो भाषा (की देह) के रंग हैं, उसकी अदाएँ हैं।

× × ×

अनुभव तो जैसे एक पत्थर है। अलग-अलग ज़र्रों की ज़िन्दगी लिए एक लम्बी प्रक्रिया और बनावट की संरचना समेटे अपने में गुम। विचार की धूप उसमें ऊष्मा भर एक स्वप्न जगाती है। यह सपना नींद में ही सही लेकिन नींद से जगाता है—एक अगोचर द्वार से जैसे दुनिया की समस्त लय, गतियाँ और स्पन्दन वायु का संस्पर्श पाकर भाषा के जल में शिवत्व के अनन्त रूपाकार रचते हैं।

× × ×

गतियाँ और उनके ठहराव...और फिर उनके आवर्त-प्रत्यावर्त्यों के आन्दोलन भरे स्वर-स्पन्दन,...बहलावे...ज़मज़मों की स्पर्धा भरी निकाल-बैठ की समस्त उठा-पटक और स्वरों के दीखे-अनदीखे चेहरों में ध्वनि और ध्वनि-रूप-समुच्चयों के आयतन—सभी कुछ तो लय है। इन सबमें लय समाई है। इसी लय के प्रकाश में संवेदन का चेहरा झिलमिलाता है। इन्हीं सबसे तो लय का स्थापत्य रचा जाता है।

लय की एक लहर-सी उठती है और एक साँस में भाव...शब्द...स्वर ध्वनि-वृत्तों के निरवधि आकाश को छूकर अनुभूति के पर्वत-शिखर, घाटी-उपत्यकाओं और वन-राशि को लाँघते हुए वह राग में बन्दिश के सौन्दर्य को दिखाती हुई सम के द्वारा अपने स्थायी पर लौट आती है—मानो समुद्र-सृष्टि से थोड़ा-सा अवकाश पाकर लय की लहर अपनी लीला दिखाकर फिर समुद्र में समोकर अपने को मिटा देती है। यात्रा की इस प्रक्रिया में अव्यक्त का डंठल पल्लवित होता है, फूल बनकर खिलता है और वलयाकार गति में नाचता हुआ बिखर जाता है—अव्यक्त से व्यक्त होना यही है क्या...!

सच और सुन्दरता दो अलग-अलग बातें हैं। दो अलग दुनिया। कविता का संघर्ष इन दोनों से है। उसकी मुसीबत यह है कि वह बिना तलवार और बिना हसिया-हथौड़े के इन दोनों से लोहा लेना चाहती है। लोहा लेना तो एक बात है लेकिन वह एक असमाप्त लय के बूते पर इस काम को अंजाम देना चाहती है–यह कठिन चुनौती है।

अर्थात् सच के न उठा सकने वाले बोझ को कविता निरन्तर अपने सर पर उठाए रहती है और उसके पाँव सुन्दरता के गलियारे में पहुँचकर ही दम लेते हैं। है न कठिन साध!

–एक म्यान में दो तलवारें जैसा कुछ!

सच को वह ऐसे बयान करती हैं कि सच भी पानी भरने लगे।

और कभी-कभी तो वह सच को भी फटकार देती है कला की चौखट से, खड़ी होकर। कविता में 'सच के बयान' का जितना ख़याल रहता है उससे कम ध्यान 'बयान के सच' पर नहीं रहता। इसमें पहली स्थिति का सम्बन्ध वर्तमानता से है यानी भावबोध की महत्ता और दूसरी दशा का सम्बन्ध कला की उस चली आ रही समस्त परम्परा और इतिहास के गलियारे से है जो उसे अनूठा बनाता है।

धागे छिपा दिए गए हैं, डोर-धागे दिखाई नहीं देते। लेकिन कठपुतली बराबर आँखों के सामने है–नाच रही है, और तो और अठखेलियाँ करती है–पूँजीवाद की बैसाखियों पर टिका हमारा लोकतंत्र, प्रजातंत्र, गणतंत्र (तंत्र-परतंत्र) क्या ऐसा ही नहीं है।

कठपुतलियों को चलानेवाले हाथ और न दिखाई पड़नेवाले धागों को आपने देख लिया तो मुँह का स्वाद और मज़ा किरकिरा तो हो ही जाएगा। सत्य को देख लिया, इसकी सज़ा अवश्य मिलेगी (याद कीजिए 'अँधेरे' में के नायक को) सत्य आप कहेंगे तो ज़बान तो जलेगी (काटी न जाए तो भी!) ही।

फिर यह भी कि कठपुतलियों के बँधे हुए धागे अगर हमने देख लिये तो आस्वाद्य या विभावन व्यापार में एक हलकी-सी खरोंच तो आ ही जाती है, ठीक

उसी तरह जैसे नाटक होने से पहले ही नेपथ्य अथवा ग्रीन रूम में जाकर पात्रों को बिना मेकअप में देखने से सारा जादू बिखर-सा जाता है।

तो क्या कला में होते हुए भी न दिखाई देना एक मूल्य है, क्या वह सौन्दर्यवर्धक है और आस्वादकारी भी! अर्थात् रूप-तंत्र सम्बन्धी उपस्थिति की अदृश्यता भाव-बोध की सघन व्याप्ति के साथ-साथ रचना (कला) में कौतूहल और एक आह्लाद भी जगाती है!!

शब्द; राग और रंगों की डली है। शब्दों से अर्थ या उसका बोध कुछ इस तरह बहता है जैसे रंग पानी की आभा में घुलकर फैल गए हों।

मैं जब कुछ पढ़ता हूँ और अपने मन का पढ़ता हूँ तो यह रंग की डली घुलने लगती है। उसका स्वाद अर्थ की आभा की तरह मुझमें ही बिखरकर फैलने लगता है।

भाषा से जितना बाहर है वह भी दरअस्ल भाषा के भीतर का ही दिया हुआ है। अर्थात् बाहर जितना उजाला है उतना वह अन्तर्निहित शब्दों का ही प्रकाश है। या फिर भीतर का ऐसा और इतना विस्तार है जो अपने कुनबेवालों की सूरत से मेल खाता हुआ नहीं दीख पड़ता!—वह आन्तरिक और अवचेतन का रूप-आकार नहीं अंश है जो अब तक अघुलनशील है।

विचलन प्रकटतः अवरोध पैदा करता है। यही अवरोध जब सकारात्मक हों तो अनूठे के साथ-साथ आनन्द और उर्जा के अड्डे भी बन जाते हैं। प्रचलन के प्रवाह में तो सभी बहते हैं, विचलन की नदी में तैरना धारा के विरुद्ध तैरना है। प्रचलन तो फैशन है जो ख़ुद एक पहचान से निकलता है लेकिन विचलन फैशन का नकार है जो अस्मिता पर बल देता है।

विचलन और पगडंडी का बैर है। पगडंडी तो ऐसा लोकगीत है जिसे हर चलनेवाला जन्म से मरण तक बेधड़क चलता हुआ गाता रहता है।

साँस सुर है और धड़कन लय है।

गद्य कविता को ऐसे ही समझो जैसे बिना साज़ के आवाज़।

आवाज़ को अर्थात् स्वर को प्रत्यक्ष ताल से मत बाँधो। क्योंकि ताल की भी स्वतंत्र सत्ता है। हो सके तो आवाज़ को यानी कविता को तुक और ताल दोनों से

मुक्त कर दो। या ख़ैर मुक्त करना तो शायद ज़्यादती हो लेकिन, कम-से-कम बेहतर और हाँ, एक ताक़तवर कविता को इन दोनों पर आश्रित नहीं रहना चाहिए।

क्योंकि काव्य में (और गद्य कविता में भी) शब्द की स्वतंत्र सत्ता होती है, और संगीत में भी सम्भवतः ताल की स्वतंत्र सत्ता होती है या कि होनी चाहिए। इसलिए जब कविता में ताल हो अर्थात् तालयुक्त हो तो एक तरह से यह समझना चाहिए कि वहाँ दो स्वतंत्र सत्ताओं की परस्पर टकराहट है। इसे सँभालना कवि के लिए टेढ़ी खीर है। इस बिन्दु पर कवि की मुश्किल कुछ और बढ़ जाती है...कवि का काम कुछ और जोखिम भरा हो जाता है। शब्द का अनुशासन और उसकी सत्ता कमज़ोर हुई नहीं कि ताल शब्द को घेर सकती है और शब्द में निहित विचार या भावबोध पर ताल के छा जाने से कविता में प्रवाहमान अनकहे प्रछन्न की साँस घुटने लगती है। उसमें सम्भावित और निहित अर्थ-छवियाँ, आशय और ध्वनित-व्यंजित अनुभूति के सान्द्र कम्पन अधखिले रह सकते हैं। यानी अच्छा कवि या कलाकार इन दोनों अनुशासनों में एक तनावभरा सन्तुलन साधने की युक्ति निकालता है।

वस्तुतः, ताल का मूल स्वभाव एक निश्चित अवधि-अवकाश में गतियों को प्रवाहित करना है। और इन गतियों से छन्द का रूप निर्मित-निर्धारित होता चलता है। गद्य कविता में ये गतियाँ बहुत महत्त्वपूर्ण हैं। क्योंकि ये गतियाँ भाव-बोध में नया आयाम और नया उन्मेष जगाते हुए अनुभव को नए आस्वाद से भरकर सम्भवन के नए इलाक़े में ले जाती हैं।

शब्द और अर्थ के बीच सम्बन्धों का बाँकपन, सम्बन्धों की नई संगतियाँ ढूँढ़ती है कविता। कविता के प्रयोग में लाया गया शब्द पहले वाला नहीं रह जाता। कविता में समाकर वह नया संस्कार पा जाता है। इसलिए हर अच्छी कविता शब्द को सबसे पहले मुक्त करती है—उन मृतप्रायः छायाओं (अर्थ-छायाओं) और ध्वन्य-स्पन्दनों से जो ऊर्जा से भरे नए सम्बन्धों के संसार पर पहरा लगाए बैठे हैं। कवि अपने स्पर्श से, अपनी उपस्थिति से इस पहरे को उठा देता है और आकाश वही रहने पर भी परिन्दों में परवाज़ भरने के लिए नई उत्कंठा जाग पड़ती है। एक नई चाह, नई राह फूटती है, नया मर्म और नए मानी पैदा हो जाते हैं—आकाश तो हालाँकि वही पुराना है लेकिन सम्बन्ध और संगतियाँ और संरचना बदलने से कविता का ब्रह्मांड ही बदला-बदला लगता है।

एक ताक़तवर कवि शब्दों की नियति बदल देता है, अपने आचरण से... सर्जनात्मक आचरण से!

शब्द में जहाँ तक लय है और ध्वनि है वहाँ तक वह उसका साज़ है, देह का विकिरण है, उसका आकारगत सौन्दर्य है। वस्तुतः वह उसका रूप है लेकिन शायद; कोरा रूप समझना भी भूल होगी। यानी पुकार है, पुकार का मर्म है। शब्द में जहाँ तक उड़ान है अर्थ से अर्थातीत अनुगूँजों तक (यद्यपि मैं 'अर्थ' शब्द का प्रयोग करना नहीं चाहता पर इससे किसी बेहतर शब्द के अभाव में फ़िलहाल इसी से काम चलाना होगा।) की है। वस्तुतः वह उसका मर्मान्तक स्वर है...उसकी मर्मान्तक स्वर-छायाएँ हैं। इन स्वर-छायाओं से ही नग़मे की रूह तक पहुँचा जा सकता है। दर्द की गहराई भी इन्हीं से पता चलती है। शब्द के इसी पक्ष में मर्म छिपा है। इसलिए कविता में अभिव्यंजित भाव-संवेदन शब्द में ढलकर साज़ और आवाज़ की-सी सायुज्यता का बोध कराता है। कालिदास ने क्या ख़ूब कहा है–

वागर्थाविव सम्पृक्तौ वागर्थ प्रतिप्रत्तये
जगतः पितरौ बन्दे पार्वती परमेश्वरौ

–रघुवंश

पूरी कविता में कुछ ही ठिकाने होते हैं जहाँ सत्य का आलोक या जीवन का उजाला या फिर कामचलाऊ भाषा में कहूँ कि काम की बात अवतरित होती दीख पड़ती है। पूरी कविता में सत्य थोड़े ही बिखरा हुआ होता है। सम पर आने के लिए गवैया जैसे तरह-तरह की लय-रूपों की भाव-छवियों की आवेगात्मक अठखेलियाँ करता है; कवि भी सन्धान के इन क्षणों में कम चौकन्ना नहीं रहता– कान से नहीं पूरी देह से शब्द-ध्वनियों को सुनता-चुनता हुआ, बिम्बों में सोचता हुआ और कभी-कभी तो बिम्बों को ठेलते-ठुकराते हुए सीधे-सीधे दो टूक शैली और 'हो जाए' या 'देख लेंगे' के अन्दाज़ में धरती-आकाश में फैली जगत-सृष्टि से भाव-उर्मियों के प्राक्तन रूप में होने की लय को पहचान कर सत्य को उद्घाटित करता है–लेकिन इतने पर भी यह सब सम पर पहुँचने से पहले की उठा-पटक ही ज़्यादा है, जिसे आप प्रक्रिया कहते हैं। यानी यह 'कैसे' का बखान है। यद्यपि

मैं परिणाम के साथ प्रक्रिया पर भी उतना ही बल देता हूँ और उसका महत्त्व कम करके नहीं आँकता।

फिर कविता में कुछ ही पंक्तियाँ जहाँ-तहाँ चमकती हैं जिनमें कोई काम की बात किसी बड़े सच या सृष्टि के अद्भुत रहस्य का भेद खोलती हुई बोल पड़ती है; अन्यथा प्रायः भराव का काम ही ज़्यादा होता है। और फिर मुझे वह किसी भाव की खुमारी का विस्तार ज़्यादा लगता है। अतल में जागृत कर सच के अंगार को जुबान पर लाकर दिखाने की कला यानी कविता कम दीख पड़ती है।

भाषा : सृष्टि की आकांक्षा का रचनात्मक आकाश–। बोलता हुआ आकाश।...भाव-भंगिमा भरा आकाश।...अनन्त की सम्भावनाओं से भरा मुखर आकाश...नाद-चित्रों से मंडित आकाश-रंग-सृष्टि के सम्मोहनकारी रूप जगाता आकाश : चुप की शिराओं में भरता उजास।

अज्ञेय; जिनकी अतिविनम्रता भरी काव्य उक्तियों में अहम् झाँकता दिखाई देता है...बल्कि कभी-कभी तो बोलता भी है। इससे आगे अहम् नहीं दर्प बोलता है– "मैं मरूँगा सुखी क्योंकि मैंने जीवन की धज्जियाँ उड़ाई हैं।" (आप यह न भी मानें।) बहरहाल उन्होंने जीवन की धज्जियाँ उड़ाई हों न उड़ाई हों हाँ, मगर कविता में इस हिन्दी मुहावरे का जो इस्तेमाल कर दिखाया है इसकी धज अवश्य अपनी है।

निराला; अपने काव्य में संगीत से ज़्यादा प्रभावित दीखते हैं। उनकी कविता की संरचना में संगीत तत्त्व के प्रति गहरी आसक्ति और आग्रह दिखाई पड़ता है। 'आर्ट ऑफ़ रीडिंग' की बात करना भी इसी आग्रहशीलता का हिस्सा है। यद्यपि 'आर्ट आफ़ रीडिंग' में मेरी समझ से संगीतात्मकता के अलावा जो एक और बात होनी चाहिए वह यह कि काव्य पंक्तियों के विन्यास में छिपी नाटकीयता और

वाचन के साथ-साथ वाचिक की वह भंगिमा जो अन्ततः शब्द अथवा ध्वनि के नाद रूपाकारों के भिन्न आयामों से अर्थ-सृष्टि व आशयों की अनुगूँजों को इंगित करती है–दिखाई-सुनाई पड़नी चाहिए। निराला जब शब्द को सुनते हैं तो उसमें आरोह-अवरोह जैसे संगीत तत्त्व का आरोपण करते हैं। शब्द उनके यहाँ लय-ताल से युक्त हो नाद सृष्टि की सीमा का स्पर्श करते हैं। यानी शब्द के सांगीतिक चरित्रवाले पहलू पर उनकी निगाह रहती है। लेकिन 'प्रसाद' जी शब्द को सुनते कम हैं, देखते ज़्यादा हैं। उनके काव्य में शब्द का वैभव उसके चिन्तन में है, स्थापत्य में है। भव्यता में है। सौष्ठव में है। शायद इसे मैं अगर इस रूप में ग्रहण करूँ कि प्रसाद के यहाँ काव्य (और कविताओं में शब्द का) में दैशिक आयाम अधिक मुखर है जबकि निराला के काव्य में यह कालिक आयाम की प्रतीति भी कराता है। (यद्यपि इस पर अधिक विचार करने की आवश्यकता है, अभी) मैं पूरी तरह से समझ नहीं पा रहा हूँ, शायद मन निर्णय देने की जल्दबाज़ी से भी ग्रसित है।

यद्यपि इस सन्दर्भ में अज्ञेय पहले ही निर्णायक स्वर में कह गए हैं कि 'शब्द का ज्ञान पन्त का सबसे सूक्ष्म है।' (भवन्ती : पृ. 82) इतना ही नहीं उन्होंने अपने एक संस्मरणात्मक लेख में पन्त जी को 'स्वर सिद्ध' की संज्ञा से भूषित किया है। उन्हीं के शब्दों में देखिए–"शब्द ध्वनियों के प्रति जैसी सजगता सुमित्रानन्दन पन्त में थी वैसी मैंने हिन्दी के किसी दूसरे कवि में नहीं देखी, निराला में भी नहीं।...लेकिन मैं तो जानता हूँ कि स्वर ध्वनियों पर पन्त जी का ऐसा अधिकार था कि उन्हें सच्चे अर्थ में स्वर-सिद्ध कवि कहा जा सकता है।" (विस्तार के लिए देखें 'स्मृति-लेखा', पृ.78)

सुबह-सुबह पढ़ने बैठा हूँ। (कल रात ही उर्दू से अनूदित कुछ किताबें आई थीं) किश्वर नाहीद की 'बुरी औरत की कथा' सुबह-सुबह पढ़ने बैठा हूँ।

पहला ही सफ़ा खोला है–'अपने पढ़ने वालों के नाम'। अपने पढ़ने वालों के नाम इस डेढ़ सफ़े में ही ख़यालों की एक जंग-सी छिड़ गई। इतना साफ़, खुला और चमकीला और रवाँ-दवाँ गद्य किसे नसीब होता है, इस ज़माने में! एक-डेढ़ सफ़े में किश्वर ने बहुत सहजता और सादगी के साथ मगर मुख़्तसर अन्दाज़ में तब्दीलियों का ख़ाका पेश कर दिया है। ख़ाका भी क्या उसे नाज़ुक उँगलियों से छू भर दिया है। और कुछ इस तरह से कि शिद्दत के साथ कुछ सवाल ज़ेहन

पर नक़्श होकर कौंधने लगते हैं। तब्दीलियों के तमाम हवाले देने के बाद किश्वर जैसे ख़ुद से की गई लम्बी जद्दो-जहद के बाद उन्मथित होकर पूछती हैं–"क्या इस सारे आलम में ज़ात का चीस्तान (अस्तित्त्व की पहेली) भी बदला है? फिर इसके बाद मशहूर मुसव्विर अल्बर्नी का हवाला देते हुए इस पूरी व्यवस्था, इस पूरे निज़ाम पर जैसे प्रतिक्रिया स्वरूप गुस्से की एक लक़ीर के मानिन्द एक जुमले से गोया सब कुछ का ख़ात्मा करते हुए कहती हैं–

"मैंने भी सारे घरों के सहनों में झाँका है और शायद कहीं यह भी कह दिया है–'बादशाह नंगा है'।"

इस जुमले को पढ़ने के बाद मैं सन्न रह गया। तारों से जैसे लय छीन ली।...वीणा का जैसे कोई तार टूट गया। मैंने सोचा था कि यह आत्मकथा है इसे एक ही झटके में पढ़ जाऊँगा! पढ़ने के बाद मुझे लगा कि दरिया में उतरने से पहले ही मैं डूबने लगा। रह-रहकर ग़ज़ल का यह शेर कौंधने लगा–

'मँझधार तक पहुँचना तो हिम्मत की बात थी
साहिल के आसपास ही तूफ़ान बन गए।'

यह लिखते-लिखते अचानक फ़ोन आया राजेश वर्मा का। उसने ख़बर दी कि दीपक का देहान्त हो गया।' सुबह की शुरुआत कैसी हुई है! दीपक मेरा अज़ीज़ दोस्त, जिसने मुझे कभी मेरे नाम से नहीं पुकारा बल्कि सम्मान की सहज दीप्ति और राग से उपजे स्वर में उसने हमेशा मुझे 'भाई जी' कहकर ही बुलाया। वह आत्मीय स्वर खो गया...' सदा के लिए अनन्त में खो गया वह स्वर अनन्त का!

आधी-अधूरी मूर्तियाँ, टूटी और भंजित मूर्तियाँ या भग्न-खंडहर कभी-कभी दिल में उतरकर घर बना लेते हैं। मानो उनका यह टूटापन या आधा-अधूरापन ही हमारी आँखों का ज़्यादा बड़ा सच हो। यह इसीलिए हमारा अधिक अपना है और ज़्यादा सुन्दर लगता है। सौन्दर्य; सादगी में लिपटी सहजता की प्राकृत लय में विराजता है। भग्न प्रतिमाएँ कभी-कभी कितनी सजीव और जादू-सा बिखेरती हुई हमें अभिभूत कर लेती हैं। लगता है उनकी इस भग्नता को यदि कहीं ठीक-ठाक करने या पूरा करने की भूल कर बैठे तो जैसे वर्तमानता के कृत्रिम पैबन्द से इस भग्न सृष्टि का सौन्दर्य नष्ट हो उठेगा। कभी-कभी कुछ कविताओं में भी यही बात देखने को मिलती है। कुछ कविताओं की संरचना में जबरन या खींच-तान कर

उन्हें पूर्ण बनाने की नीयत वाले जोड़ बारीकी-से देखने में चमक उठते हैं। कविताओं को बार-बार माँजने से भी कभी-कभी अनुभूति का प्रकृत सौन्दर्य जाता रहता है, अमृतलाल वेगड़ ने क्या ख़ूब कहा है–

"बहुत अधिक कारीगरी से कलाकृति दम तोड़ देती है।" (सौन्दर्य की नदी नर्मदा, पृ. 60)।

इस दृष्टि से अज्ञेय, शमशेर और मुक्तिबोध की कुछ कविताओं को देखा-परखा जाना चाहिए। वहाँ कुछ ज़रूर हाथ लगेगा।

जाति की अवधारणा संस्कृति में है, प्रकृति में नहीं। विज्ञान भी जाति की धारणा को झुठलाता है।

दिन बेचकर रातें ख़रीदनेवाले कहाँ गए!

शमशेर की कविता में दुख अपनी इन्तिहा पर झलकता है। कभी-कभी उनकी कविता में व्यक्त दुख ख़ुद पर किए गए अत्याचार की हदों को छूने लगता है। यद्यपि उनमें पीड़ा का, शोक-विषाद या दुख का पाखंड नहीं है और न ही उसे फ़िलासफ़ीकल बनाकर पनाह ली गई है। बाज़ औक़ात उनके यहाँ दुख के भीतर अत्याचार सहने की इच्छा भी स्पष्ट रूप से झलक मारती दिखाई पड़ती है जो तत्त्वतः रुमान की एक श्रेणी अथवा उसी का एक रूप है। वस्तुतः शमशेर गहन आसक्ति के चलते दुख और विषाद से उपजी अतृप्ति में भी आनन्द के अभिलाषी हैं। यह जो हर हाल में चरम आनन्द की अभिलाषा है, अर्थात् लालसा में समाया जीवन का भोग यह टिपिकल भारतीय मानस की बनावट है। यह आनन्द वे इच्छापूर्ति से भी प्राप्त करते हैं और अतृप्त इच्छा से भी। अतृप्तिवाले भाव-चित्र उनके काव्य में एक विद्युत कौंध और तीव्र आदिम ऐन्द्रियता के साथ व्यक्त हुए हैं जो अपने प्रभाव में बेजोड़ हैं।

व्यक्ति; व्यक्ति की भूमिका और उसके दायित्वबोध को अज्ञेय बराबर 'व्यक्ति सत्ता' के रूप में रेखांकित करते रहे। इस व्यक्ति सत्ता का सम्बन्ध शायद उनके उस कवि-कर्म का महत्त्वपूर्ण पक्ष है जो उनके भीतर गहरे स्रष्टा भाव से "स्वयं निरन्तर आहुति-सा स्वाहा होता रहता है और जिसमें से ही भविष्यवाही अग्नि पुरुष-सा प्रकट होता रहता है।" (अन्तरा, पृ.6) अज्ञेय के समस्त काव्य में व्यक्ति-सत्ता नियामक शक्ति के रूप में अभिप्रेरित और अभिव्यक्त हुई है–यह बहुत महत्त्वपूर्ण बात है और शायद आधुनिक युग के साथ-साथ आधुनिक मनुष्य की पहचान भी है। व्यक्ति सत्ता की इस पहचान को अज्ञेय अपने काव्य में अक्षुण्ण रखना चाहते हैं। इस पहचान को बनाए रखने के लिए वे 'अच्छी कुंठारहित इकाई', 'जितना तुम्हारा सच है उतना ही कहो', 'आज तुम शब्द न दो, कल भी मैं कहूँगा' 'यह दीप अकेला स्नेह-भरा है, गर्व भरा मदमाता' या फिर 'अर्थ हमारा उस मछली में है जिसको सागर घेर रहा है' या फिर 'उड़ चल हारिल लिए हाथ में यही अकेला ओछा तिनका' या 'एक बूँद सहसा उछली सागर के झाग से' जैसी काव्य-पंक्तियाँ सर्जनात्मक व्यक्तित्व के भीतर अकुलाए स्वातंत्र्य बोध को प्रबल आग्रह के साथ उद्घाटित करती हैं। इन कविताओं में व्यक्ति और समाज के सन्दर्भ में जिस वैचारिक अवधारणा तथा काव्य-दृष्टि के प्रति आग्रह अभिव्यंजित हुआ है उसे व्यक्ति बनाम समाज के रूप में अथवा समाज विरोधी रूप में देखना मुझे (व्यक्तिगत रूप से) कुछ ज़्यादती जैसा लगता रहा है। बल्कि अज्ञेय के काव्य व्यक्तित्त्व में अन्तर्विरोध तो इस रूप में देखना चाहिए कि जो कवि अपने आरम्भिक जीवन से निरन्तर 'व्यक्ति स्वातंत्र्य' की रट लगाए रहा वह 'आँगन के पार द्वार' तक आते-आते

'श्रेय नहीं कुछ मेरा;
मैं तो डूब गया था स्वयं शून्य में–
वीणा के माध्यम से अपने को मैंने
सब-कुछ को सौंप दिया था–
सुना आपने जो वह मेरा नहीं,
न वीणा का था :
वह तो सब कुछ की तथता थी–"

कहकर महाशून्य और महामौन की आध्यात्मिक छाया में चला जाता है। यह महामौन क्योंकि अविभाज्य है, अनाप्त है, अद्रवित है, अप्रमेय है अतः शब्दातीत

होकर सबमें गाता है। वस्तुतः अज्ञेय सर्जना के उस द्वार पर पहुँच गए जहाँ वाक् शक्तियों के समुन्नत और उत्कर्षकारी रूप में शब्द और अर्थ की सत्ता का द्वैत मिटकर भेद-अभेदत्व से परे चला जाता है।–जहाँ सृष्टा अपनी ही बनाई दुनिया का आनन्द 'गूँगे के गुड़-सा, लेता रहता है। अर्थात् भोक्ता और सर्जक एकाकार हो जाते हैं–शायद यह वही कूट स्थिति हो जहाँ सहृदय या सामाजिक का अनुभव में साझा करना सम्भव नहीं रह जाता।

'आपै गावै आपै सुनै'

या 'लाली देखन मैं चली मैं भी हो गई लाल'–यह तद्‌वत हो जानेवाली स्थिति का आलोक स्फुरण है–एक आध्यात्मिक उदीषा है–इसे अन्तर्विरोध के रूप में नहीं बल्कि सर्जक और सर्जनात्मकता के एकरूप होते जाने की अवस्था अथवा अद्वैत स्थिति के रूप में देखा जाना चाहिए! इसे सर्जनात्मकता और रचनाकार की ईहा और जिजीविषा रूपों के समानान्तर देखा जाना चाहिए।

कविता करते-करते कभी-कभी शमशेर बहुत दूर निकल जाते हैं। कविता के समुद्र में वे जब कभी अतल गहराइयों की ओर बढ़ते हैं तो शब्द गूढ़ संकेत की ओर मुड़ जाते हैं। लेकिन बिना किसी हलचल के, बेहद शान्त। स्तब्धता लिये...प्रशान्त अनुभव की लहरें, मगर थिर। –यहाँ कवि शमशेर का साधक (सूफ़ी वाला रूप) जागता है। दरअस्ल यह बेख़बरी का आलम है। कहा है न कि–

ख़बरे-तहय्युरे-इश्क़ सुन न जुनूँ रहा न परी रही
न तो मैं रहा न तो तू रहा जो रही सो बेख़बरी रही

मैं समझता हूँ वह अनुभव विचित्र होता होगा जिसके लिए वे माध्यम के पार जाना चाहते रहे। इसी को अज्ञेय ने 'शब्दातीत अर्थ' कहा है। "यह सही है कि शब्द सारे व्यर्थ हैं क्योंकि शब्दातीत कुछ अर्थ है।" ('बावरा अहेरी')। ऐसी ही अनुभूतियों से जब शमशेर के कवि का गुज़र होता है तो ऐसी पंक्तियाँ भी आती हैं जिनका सामान्यतः कुछ अर्थ नहीं खुलता। ऐसी पंक्तियों को ही ध्यान में रखकर शमशेर पर अर्थहीनता (एब्सर्डिटी) का आरोप भी लगता रहा है। कभी-कभी काव्य-स्थितियों की निर्मिति शमशेर की कविता में बहुत निजी स्तर पर होती है। इन काव्य स्थितियों के तन्तु इतने उनके अपने और निहायत अपने और आत्यन्तिक होते हैं कि दूसरों के लिए तो क्या वे स्वयं उनके लिए भी अपने नहीं रह जाते (होंगे)! इसी से कविता में धुँधलका-सा छाया रहता है। जैसे 'घटित'

स्वप्न में देखा जा रहा हो...! अब जैसे 'राग' कविता का आरम्भ कवि (या किसी) के पूछने से/प्रश्न से होता है यानी कवि और शाम के बीच संवाद से होता है। फिर दूसरे बन्द में त्रिलोचन और उनकी रचनाओं का प्रसंग आ जाता है। लेकिन उसी बन्द का अन्त जब इस पंक्ति से होता है कि–

'नींद ही इच्छाएँ।' तो चल रहा हूँ शान्त इंगित सा न जाने किधर,–वाले भाव से भी आगे की स्थिति समझिए ऐसी ही एक और कविता है और चर्चित कविता है–'एक नीला आईना बेठोस।' अपनी संरचना में अद्‌भुत और विचित्र। इसमें एक पंक्ति है–

'एक पल की ओट में है कुल जहान।'

पूरा वाक्य है; समझ में आ रहा है, संरचना भी सरल है, शब्द ऐसे नहीं है कि जिनका अर्थ कोश में देखना पड़े, शब्द और वाक्य के स्तर पर सब कुछ स्पष्ट है लेकिन फिर भी अर्थ पकड़ में नहीं आता या कहूँ पंक्ति के पार्श्व में कवि जिस (काव्य) मर्म की ओर इंगित कर रहा है वह सम्प्रेषित नहीं हो रहा मानी कुछ खुल नहीं रहा शायद यह कहना ज़्यादा ठीक है। इसीलिए मैंने कहा था कि शमशेर की काव्य-स्थिति की प्रकृति बहुत कुछ कूटस्थ है। यही नहीं उक्त कविता का अन्त जिस तरह बेसरो-सामानी और अनिकेतनी भाव की भटकन (लेकिन फिर भी स्थिर और प्रशान्त चित्तता) में हुआ है इसमें 'रह गया-सा एक सीधा बिम्ब' जैसी पंक्ति ख़ासी बेचैन और मश्क़ करनेवाली है। साथ ही काव्यार्थ के स्तर पर गूढ़ भी। (ऐसी और भी बहुत-सी पंक्तियाँ शमशेर जी में शायद हों।)

अब इन और ऐसी स्थितियों में पाठक का पारम्परिक वाचन/पढ़ने का तरीक़ा शायद काम नहीं आता। यही नहीं पाठक को पढ़ने के पहले बहुत कुछ पढ़ने के तरीक़ों को दाँव पर लगाना होता है। पाठार्थ की पिछली युक्तियाँ काम नहीं आती। न केवल काम नहीं आती बल्कि पाठार्थ की अभ्यस्त युक्तियों की देहलीज को लाँघना भी पड़ता है। क्योंकि ख़ुद कवि पीड़ा और दुख-अवसाद की उस दुनिया में बल्कि कहूँ समुद्र में अपने को ग़र्क कर चुका है जहाँ बक़ौल अहमद फ़राज़–

ढूँढ़ उजड़े हुए लोगों में वफ़ा के मोती
ये ख़जाने तुझे मुमकिन है ख़राबों में मिलें

रघुवीर सहाय एक तो दर्द के रीतिवाद को तोड़ते हैं। दूसरे, वे काव्य स्थितियों की नई सूरतें पैदा करते हैं। इतना ही नहीं, इन नई सूरतों की कशीदाकारी भी

बाज़ औक़ात उनमें ख़ूब दिखाई देती है। भाषा की पच्चीकारी उनके यहाँ एक अलग ही अध्याय है। हालाँकि यही कशीदाकारी और पच्चीकारी कभी-कभी कोफ़्त भी पैदा करती है और भाषा में गुँथी-लिपटी आवाज़ों को, उन आवाज़ों की ताक़त और उन आवाज़ों की रंगतों को, जितना रघुवीर सहाय पहचानते हैं नई हिंदी कविता में आज उतने और वैसे या वैसी पहचान रखनेवाले लोग कितने हैं!

सत्य को झूठ की उँगलियों से मत छुओ!

अज्ञेय की कविताएँ प्रायः अपनी प्रकृति में निष्पत्तिमूलक स्वर-साँचा निर्मित करती हुई जान पड़ती है।–प्रायः अपनी प्रकृति में एक अवधारणामूलक साँचा लिए हुए।

सूत्र और सिद्धान्तों की खूँटियों से बँधी, ममेतर की तनी हुई डोरियाँ, जिन पर आत्म का डांड लेकर अज्ञेय का कवि बिना पलक झपकाए रस्सी के एक छोर से दूसरे छोर पर पहुँचने की शब्द साधना और तनाव भरे सहसम्बन्धों के एक अविराम व्यापार के बीच सन्तुलन की साध लिये चलता है, किसी नट की तरह। और यह नट विद्या किसी साधना से कमतर नहीं है। मुक्तिबोध की कविता से अज्ञेय का कोई मुक़ाबला ही नहीं है। कभी-कभी यही लगता है कि ख़ामख़ाह कुछ लोगों ने (मेरा मतलब साहित्य की नेतागिरी करनेवालों ने) दोनों को एक-दूसरे के आमने-सामने उतार दिया (है) गोया; अखाड़े में दंगल हो रहा हो। अव्वल तो यहाँ इस मैदान में मुकाबला कैसा। असल में मुक़ाबला करना अकादमिक एक्सरसाइज़ ज़्यादा है, वैयक्तिक वैशिष्ट्य से उपजे काव्य-मर्म की पहचान को रेखांकित करना, उसके अनूठेपन पर उंगली रखना कम है।

कोई यह कहनेवाला नहीं कि मैं तुम्हें प्यार करता हूँ। यह कहना–जो अपने-आप में सुनना ही है तो दूर; इसकी भनक और इसका अहसास भी कहाँ...सब कुछ वहमो-गुमाँ की तरह। 'प्रसाद' जी के भीतरवाला मन कितना प्यासा है कि

अनायास अनबोले ही जैसे बोल उठता है–'धीरे से वह उठता पुकार–मुझको न मिला रे कभी प्यार'।

और वह प्यार जिसकी तलाश में हम कहाँ-कहाँ नहीं भटकते अगर मिल भी जाए तो इसे काँच के नाजुक आबगीनों की तरह सँभालकर रखने की सहूलत किसे नसीब होती है। इसलिए प्यार अगर मिल भी जाए तो उसे नित नया करने के लिए अर्जित करना पड़ता है। यह अर्जित करना ही प्रेम की कला बन जाता है। इस अर्जन करने की कला को हासिल करने में दर्प को बार-बार चूर करना पड़ता है...अपने को मारना पड़ता है, अहं को गलाकर तपना और सिरजना होता है–एक नया इनसान बनने की दुश्वार डगर पर चलना शायद यही होता है। अमीर ख़ुसरो ने कभी इसीलिए कहा था–

'बहुत कठिन है डगर पनघट की...'

अल्लामा इक़बाल के यहाँ भी अक़्लो-ख़िरद और इश्क़ के बीच कशमकश है। हृदय और बुद्धि के बीच एक टकराव है। एक तनाव है। एक कशमकश है झगड़े की हद तक। (हिन्दी में जयशंकर प्रसाद में 'इड़ा' और 'श्रद्धा' जैसे चरित्रों में द्वन्द्व के माध्यम से काफ़ी हद तक यह है और दोनों ('इक़बाल' और 'प्रसाद') में शायद समय की दूरी न के बराबर हो) बहरहाल इश्क़ की एक बालादस्ती है ख़िरद पर, इक़बाल के यहाँ। बहुत से अशआर उनके यहाँ ऐसे मिलेंगे; मसलन उनका यह शेर जो बहुत चर्चित है–

अच्छा है दिल के साथ रहे पासबाने-अक़्ल
लेकिन कभी-कभी इसे तनहा भी छोड़ दे

या फिर 'बाले-जिब्रईल' में जहाँ ख़िरद को शायर 'रिजेक्ट' नहीं करता बल्कि उसकी एक ख़ास भूमिका को रेखांकित करता हुआ इश्क़ के हक़ में अपना फैसला सुनाता है। चन्द अशआर देखिए–

ख़िरद ने मुझको अता की नज़र हकीमाना
सिखाई इश्क़ ने मुझको हदीसे-रिन्दाना
न बादा है न सुराही न दौरे-पैमाना
फ़क़त निगाह से रंगीं है बज़्मे-जानाना
मेरी नवाये-परीशाँ को शाइरी न समझ
कि मैं हूँ महरमे-राज़े-दुरूने-मयख़ाना
कली को देख, कि है तश्नए-नसीमे-सहर
इसी में है मेरे दिल का तमाम अफ़साना,
कोई बताए मुझे ये ग़याब है कि हुज़ूर

सब आशना हैं यहाँ एक मैं हूँ बेगाना।
फरंग में कोई दिन और भी ठहर जाऊँ
मेरे जुनूँ को सम्हाले अगर ये वीराना
मुक़ामे-अक़्ल से आसाँ गुज़र गया इक़बाल
मुक़ामे-शौक़ में खोया गया वो फ़रज़ाना

या

'जर्बे-कलीम' में इक़बाल कहते हैं–

ढूँढ़नेवाला सितारों की गुज़रगाहों का
अपने अफ़कार की दुनिया में सफ़र कर न सका
अपनी हिकमत के ख़मो-पेच में उलझा ऐसा
आज तक फ़ैसलए-नफ़ो-ज़रर कर न सका
जिसने सूरज की शुआओं को गिरफ़्तार किया
ज़िन्दगी की शबे-तारीक सहर कर न सका

यानी अक़्ल के हुदूद की तरफ़ इक़बाल इशारा करते रहे। तभी तो वो यह शेर कह सके–

बेख़तर कूद पड़ा आतशे-नमरूद में इश्क़
अक़्ल है महूवे-तमाशाए-लबे-बाम अभी

हस्ती अपनी हबाब की सी है
ये नुमाइश सराब की सी है

बार बार उसके दर पे जाता हूँ
हालत अब इज़्तिराब की सी है

नाज़ुकी उसके लब की क्या कहिये
पँखड़ी इक गुलाब की सी है

मैंने पूछा कहा कि ये आवाज़
उसी ख़ानाख़राब की सी है

मीर उन नीमबाज़ आँखों में
सारी मस्ती शराब की सी है

इस क़दर आसान ज़बान में कहना कितना मुश्किल काम है। 'सहले-मुम्तना' (ऐसा शेर जो बहुत सरल जान पड़े परन्तु वैसा कहना असंभव हो) का इससे बेहतर उदाहरण और क्या होगा!

शायरी करने के लिए शायर को आम ज़बान और रोज़मर्रा के अलावा किसी और भाषा की दरकार नहीं—इस ग़ज़ल में बात कहने का लहजा, लफ़्ज़ों की अदायगी का ढंग और अपने आप से गुफ़्तूगू करने का अन्दाज़ यानी 'ख़याल'—ने कुछ ऐसा रूप अख़्तियार किया है, शायरी और आम ज़िन्दगी को इस तरह रू-ब-रू कर दिया—नहीं; रू-ब-रू भी नहीं बल्कि एकमएक कर दिया है—कि ज़िन्दगी क्या है और इसमें शायरी कौन सी है, कहाँ है, ढूँढ़ना मुश्किल हो गया है। ये है शायरी; ऊँची शायरी। ये शायरी की ताक़त है कि उसने एकबारगी जैसे ज़िन्दगी को 'रिप्लेस' कर दिया हो (माफ़ कीजिएगा बहुत बड़ी और भारी बात कह गया हूँ) मगर शायरी यही तो करती है। और; कभी-कभी तो वह कर दिखाती है जो अस्ल ज़िन्दगी में मुमकिन नहीं हो पाता।

आज सुबह इक़बाल को पढ़ा। उनकी शायरी ने एक बार फिर निहाल कर दिया। उनको लेकर मन पर कटुता की एक परत थी जो उनके बाद के दिनों में घोर इस्लाम-परस्ती के आचरण से उपजी थी; आज उनकी शायरी ने वह सब धो दिया। यद्यपि उन बिन्दुओं, उन मुद्दों को फिर से जानना चाहता हूँ। उनके विचार और शायरी के उन पहलुओं पर ग़ौर करना चाहता हूँ कि आख़िर उनके चिन्तन में वे कौन सी चीज़ें हैं जहाँ वे सर्व-इस्लामवाद या उसके तंग गलियारे से गुज़रने को 'मर्दे-मोमिन' का रास्ता बताते हैं।

इक़बाल को पढ़ने से आत्मीय बल बहुत मिलता है। दूसरी अहम् समस्या उनकी शायरी और शायद चिन्तन में भी हृदय और बुद्धि की भूमिका जो एक की दूसरे पर वरीयता से सम्बन्धित है। धार के साथ बहे जाने में इक़बाल मनुष्य की सार्थकता नहीं देखते।

हदीसे—बेख़ब्राँ है तू बा ज़माना बसाज़
ज़माना बा तू न साज़द, ज़माना बा तू सतेज़

(बाले-जिब्रईल)

(अज्ञानियों का कहना है कि ज़माने के होकर रहे। अगर ज़माना तुम्हारा नहीं होता तो तुम ज़माने से जंग करो।)

नवीन सर्जना, पुनर्रचना और विश्व को फिर से गढ़ने-रचने में ही वे मनुष्य की नियति मानते हैं। 'असरारे-ख़ुदी' जैसी चर्चित नज़्म इस बात की बख़ूबी अक्कासी करती है। और वो शेर जो अक्सरो-बेश्तर लोगों की ज़बान पर रहा है, यूँ समझिए कि बस बरसों से ज़ेरे-लब रहता आया है, और जिसमें उन्होंने, दिल और दिमाग़ के मुतअ़ल्लिक मसले पर, अक़्ल पर दिल को बरतरी देते हुए बड़े बातवाज़ुन लेकिन शायराना अन्दाज़ में (और जाहिदाना भी) कहा है—

अच्छा है दिल के साथ रहे पासबाने-अक़्ल
लेकिन कभी-कभी इसे तन्हा भी छोड़ दे

बावजूद इन बातों के, फिर भी एक ख़ास तरह की जटिलता है उनके चिन्तन में। उन्हें गहराई से समझने के बाद ही कुछ कहा जा सकता है!

जब ग़ालिब यह कहते हैं—

इब्ने-मरियम हुआ करे कोई
मेरे दुख की दवा करे कोई

—तो; एक तो वे अपने इन्तिहाई दुख की शिद्‌दत की ओर संकेत कर रहे हैं और साथ ही इस तरफ़ भी इशारा है कि इस दुख का कोई चारा नहीं, इससे कोई निजात नहीं है। पहले मिसरे में 'इब्ने-मरियम' के लिए 'कोई' विशेषण कितना अवहेलना सूचक है। 'डैरोगेटिव'। लगभग अनास्था को व्यक्त करता हुआ...कुछ हिकारत का-सा स्पर्श लिये हुए...

जब मेरे दुख की दवा नहीं है उसके पास तो फिर वो कैसा मसीहा है,...होगा कोई इब्ने-मरियम...है तो हुआ करे; कोई! मैं तो जब जानूँ जब मेरे दुख से मुझे निजात दिलाए...।

ग़ालिब की शायरी में विद्रोही चेतना की अभिव्यक्ति का शायद एक रूप यह भी है। लेकिन इसमें भी महत्त्वपूर्ण यह जानना होगा कि आख़िर यह विद्रोह किससे, किसके प्रति आख़िर इतना आक्रोश...इतना उपेक्षा भाव? इस सन्दर्भ में मुझे एक ओर तो नीत्शे के 'सुपर मैन' (महामानव) के आगमन की आशा और भविष्य के प्रति आस्था का स्मरण हो आता है और दूसरी ओर इक़बाल का

'मर्दे-मोमिन' का तसव्वुर ध्यान में आ रहा है जो कहीं-न-कहीं इन धारणाओं के माध्यम से मानव-नियति को झुठलाते हैं।

—और मनुष्य-जीवन किसी नियति चक्र से बँधा है इस पर अक़ीदा नहीं लाते।

निशाँ यही है ज़माने में ज़िन्दा क़ौमों का
कि सुबहो-शाम बदलती हैं उनकी तक़दीरें

या

कोई अन्दाज़ा कर सकता है उसके ज़ोरे-बाज़ू का
निगाहे-मर्दे-मोमिन से बदल जाती हैं तक़दीरें

और यूँ भी अपने बनाने वाले से गिला तो ग़ालिब की शाइरी में जगह-जगह मिल जाएगा। उस गिले के तेवर/रंग को ग़ालिब की शाइरी की प्राण-रेखा या संजीवनी से कम नहीं समझना चाहिए।

ग़ालिब के दीवान की पहली ग़ज़ल का पहला ही शेर देखिए—

नक़्श फ़रियादी है किसकी शोख़िए-तहरीर का
काग़ज़ी है पैरहन हर पैकरे-तसवीर का

(इस शेर की ऊपर-नीचे की दोनों पंक्तियों में क्रमिक अन्तर्संबद्धता की दृष्टि से भी व्याख्या की जानी चाहिए)

ग़ालिब शायद हाथ नहीं फैलाते—मेरे सामने, उसके सामने, ख़ुदा के सामने भी नहीं। एक ख़ुद्दारी है। एक अना है। और अना भी एक ख़ास क़िस्म की। यह अना ग़ालिब का अपना मिज़ाज है और उसकी छाया उनकी शायरी में जगह-जगह (चुप, चलती और कहीं बोलती-बतियाती) दिखाई देगी।

ग़ालिब शायद दुआ में हाथ भी नहीं उठाते। अज़ब फ़ितरत पाई है उसने। हाँ; जब तबीअत बहुत बेचैन हो उठती है, उद्विग्नता बढ़ती जाती है तब भी ग़ालिब के भीतर का शायर मायूस नहीं होता, हाथ नहीं फैलाता, झुकता नहीं बल्कि अपने निराले अन्दाज़ में अपनी वेदना को विद्रोह-भरी मासूमियत में ढालकर कहता है—

मैं भी मुँह में ज़बान रखता हूँ
काश पूछो कि मुद्दआ क्या है

ग़ालिब का शेर है : "निकलना ख़ुल्द से आदम का सुनते आए थे, लेकिन/बहुत बेआबरू होकर तेरे कूचे से हम निकले"। इस पर अज्ञेय जी फ़रमाते हैं—'''बहुत

बेआबरू हो कर'...लेकिन म्याँ, निकल तो आए! ऐसे भी अन्धे कूचे होते हैं जिनसे निकलना नहीं होता, जिनमें पलटने की भी गुंजाइश नहीं होती!" (शाश्वती : पृ. 92) इस पर अज्ञेय जी से मेरी अरज इतनी सी है बस, कि ग़ालिब जैसे अना पसन्द इनसान के लिए 'निकल आना' कोई बड़ी बात नहीं है। बड़ी बात तो उस जैसे के लिए, जिस तरह से निकाले गए हैं उस तरह से 'बहुत बेआबरू होकर' निकलना ग़ालिब जैसे शायर की तबीअत को गवारा नहीं है। उसे दुख और मलाल निकलने से ज़्यादा बेआबरू (बेइज़्ज़त) होकर निकलने का है। जो इनसान यह कहता हो कि—

बन्दगी में भी वो आज़ादा व ख़ुदबीं हैं कि हम
उलटे फिर आए दरे-काबा अगर वा न हुआ

बिखरा हुआ बेतरतीब हूँ मैं इतना जैसे जीवन। फिर भी हमेशा धड़कता हुआ रक्त की तरह प्रवाहित;...शिराओं में।

एक ही साथ न कुछ। एक ही साथ सब कुछ। एक ही साथ अनकहा, अव्यक्त, अपरिभाषित—एक ही साथ सब कुछ कहा, ज्ञात-गेय और सुभाषित।

यह अनकहा अरूप ही मेरी सर्जना का स्रोत है, ताक़त है। जितना मैं बिखरा-बेतरतीब हूँ उतना मैं सम्पुंजित, संगठित;...सार हूँ।

बिखराव-बेतरतीबी कहीं मेरे सुकून का बायस है। वो तख़्लीकी तस्कीन बख़्शती है। तरतीब सुकून तो देती है लेकिन यह सुकून क्षणिक है, इसमें हमेशगी नहीं, यह सुकून दाइमी भी नहीं—बल्कि यह सुकून कम है थोड़ी देर की (शायद!) राहत ज़्यादा है।

बेतरतीबी, बिखराव (-पन) मुझे हमेशा सर्जना के समुद्र की ओर ले जाता है जो ऊपर से शान्त दिखाई पड़ने के बावजूद अपने अतल में लगातार कभी न ख़त्म होनेवाली जद्दोज़हद और हलचलों से दो-चार रहता है। एक निरन्तर असमाप्य, अविराम सर्जन-व्यापार में सन्नद्ध-संलग्न...।

दरअस्ल तरतीब अपने क़िस्म का ठहराव है। जीवन कम उसमें प्रदर्शन की कलात्मकता ज़्यादा है। वह एक ठहरा हुआ क्षण है, निचुड़ा हुआ पल—निर्विशेष और सम्भावनातीत। यद्यपि सर्जना के क्षण ही होते हैं।—जीवन और स्पंदन से भरे सिद्धियों और प्राप्ति के क्षण ही होते हैं और वे निर्णायक भी होते हैं।

ग़रीबी धर्मातीत होती है। ग़रीबी का कोई मजहब नहीं होता—लगभग यह उसी जोड़ का सच है जैसे कि दुनिया की तमाम अमीरी का अगर कोई मजहब होता है तो वह भी एक ही होता है—जैसा कि ये दुनिया जो ख़ुदा की ख़ुदाई है मेरी अंटी में है।

काश! कोई यीशु महात्मा की तर्ज पर यह कहनेवाला होता कि ग़रीबी से घृणा करो, ग़रीब से नहीं। सुनते आए हैं कि जायसी की कुरूपता का जब कुछ लोग मज़ाक उड़ाने लगे तो उन्होंने कहा कि 'मुझ पर क्या हँसते हो मेरे बनानेवाले पर हँसो।'...शायद हम भी ग़रीब पर नहीं ग़रीबी के 'बनानेवालों' पर हँस सकते! मगर यह दीवानगी किसे नसीब है!!

पहले शराफ़त के साथ पेश न होनेवालों से चिन्ता होती थी। अब शराफ़त से पेश होना ही दस चिन्ताओं को जन्म देता है। शराफ़त किस तरह फ़ालतू चीज़ हो गई है। मेरे अज़ीज़ दोस्त का यह शेर देखिए—

है कोई ऐसा जिसे मेरी शराफ़त चाहिए
आज ख़ुद से फ़ालतू चीज़ें जुदा करता हूँ मैं

लगे हाथों एक और शेर याद आ रहा है—

शरीफ़ आप अगर हैं तो अपने घर बैठें
जनाबे-रौब ज़माना है ये कमीनों का

—मौलाना सरीफ़ अली 'रौब'

जैसे सुन्दरता का कोई पर्याय नहीं होता लगभग वैसे ही ग़रीबी का भी कोई बदल नहीं होता। शायद एक प्रेम की चरमावस्था ही है जहाँ दोनों का शमन होता है।...जहाँ दोनों को किनारा मिलता है।

काफ़्का अपने मित्र गुस्ताव जैनुव से कह रहे हैं, "स्वतंत्रता ही जीवन है, इसका अभाव मृत्यु। लेकिन मृत्यु भी उतना ही बड़ा सच है, जितना जीवन...हमारी

विडम्बना ये है कि हम जीवन और मृत्यु दोनों के लिए निष्कवच हैं।" (काफ़्का के संस्मरण : पृ. 75)

दरअस्ल जीवन मृत्यु का मुखौटा है। यह मुखौटा ही हमारा सच है। इस मुखौटे से हम मुक्त नहीं होते, बस, इसे बदलते रहने का उपक्रम करते हैं—सार्थकता उन मुखौटों की है जिनके माध्यम से हम जीवन के मर्म को जान पाते हैं। यह जानना कहीं पहुँचने और जीवन के प्रति स्वीकार भाव है।

यह जानना मेरे लिए महज़ काग़ज़ या किसी कैनवास का टुकड़ा नहीं। यह मेरी आत्मा का आँगन है जिसमें नन्हें फूल-पत्तियों से लेकर वन-वृक्ष और झरने-पहाड़ से लेकर बादल, दरिया-आसमान तक की आवा-जाही है। होने की पूरी एक दुनिया से सराबोर...सृष्टि को रचता हुआ कर्म का एक कल्प वृक्ष/तरु जिस पर परिन्दों की चह-चह, रंगारंग फूलों की मह-मह...। इसी मह-मह का मुखौटा फूल है।

आलोचना; शब्दों की परछाई का नाम नहीं! शब्दों की परछाई पकड़ने से कविता का जिस्म और उसके जिस्म में जुड़े अर्थ के पैबन्दों को ही टोहा जा सकता है। कविता को पाने के लिए आलोचक को स्वर-समुद्र का मीन होना पड़ता है तब कहीं जाकर आलोचक काव्य की आत्मा की तहों को छूने में क़ामयाब हो पाता है। आलोचक को अच्छा 'कानसेन' भी होना चाहिए—कविता जी, आपने कुछ सुना!

दरअस्ल; दीवारें जहाँ भी खड़ी हैं झूठ की ही हैं, वे कृत्रिम ज़ियादह हैं। ज़ियादह क्या बस हैं ही कृत्रिम।...जैसे झूठ के पाँव (नहीं होते)! मगर फिर भी दिखाई तो पड़ते हैं न...! इस दिखाई देने का कोई क्या करे। इसी दिखाई देने की बदौलत सृष्टि का व्यापार चल रहा है...और चलता रहेगा। आप लाख कहते रहें उसे मिथ्या—मिथ्या है तो क्या...झूठ हुआ तो क्या हुआ। सत्ता तो सत्ता होती है। चाहे झूठ की ही क्यों न हो।...माना कि झूठी ही सही; मगर फिर भी सत्ता तो सत्ता ही होती है न आख़िर।

रोना; शब्दों की बाट नहीं देखता। रुलाई में तो बस जाने कहाँ से होता हुआ रोना कहीं भीतर से उमड़ पड़ता है। यह रोना भीतर कहीं से होता हुआ आया है यह तो बाद की या कि सोचने की प्रक्रिया पर जान पाते हैं; रोते समय यह सब सोचने की सुध या कि फुर्सत किसे होती है।

रोना; भाषा और बोली शायद दोनों से परे कोई माध्यम है। इसमें आवाज़ है, ध्वनि है, लय भी होती है या कि होती होगी। लेकिन ऐसे आकार नहीं हैं जिन्हें लिपि में देख सकें—यानी रोने की कोई वर्णमाला नहीं। ग़ालिब ने कहा है न—

फ़रियाद की कोई लै नहीं है
नाला पाबन्दे-नै नहीं है

जब इस रोने को यानी दुख की शिद्दत या इन्तिहा को हम दर्द भरे नग़मे या कविता में ढालते हैं तो लगता है, जैसे (मुक्ति के) राग में शब्द बाधा की तरह खड़े हैं। शब्द अगर लय-तान के प्रवाह को (राग में) भंग नहीं भी करते फिर भी अड़चन तो डालते हैं। एक अवरोध पैदा करते हैं...दुख जब गान बन जाता है तब वे उस गान-प्रवाह को अवरुद्ध करते हैं। लेकिन फिर इसी बिन्दु से दुख-दर्द का अतिरेक कविता की शक्ल में ढलता है। ग़ालिब ने अपनी काव्य रचना-प्रक्रिया की ओर इशारा करते हुए क्या ख़ूब कहा है—

पाते नहीं जब राह तो चढ़ जाते हैं नाले
रुकती है मेरी तब्अ़ तो होती है रवाँ और

तर्क की पतवार और भावावेश की पाल से आत्मारूपी नौका भवसागर-संतरण करती है।

स्वप्न; आत्मा की चित्रलिपि है, वह अवचेतन में बसा हुआ/समाया हुआ चलचित्र है, वह आनेवाले कल के गर्भ में छिपी हुई दुनियाओं का नक़्शा है, वह नास्ति का मौन और मुखर नादमय प्रवाहित निर्झर का गान है जो विस्मृति के लिए अभिशप्त है।

वह स्पर्शातीत है, उसे देखा जा सकता है, हाथों से छुआ नहीं जा सकता। आत्मा के सहस्रासहस्र गणनातीत दलोंवाले कमल-पुष्प में उसकी आरामगाह है। वह कालातीत है। वह देशातीत है। पवन उसकी सवारी है इसलिए दिक्‌काल के अवरोधों से मुक्त निर्बाध विचरण करता है। और वर्तमान के साथ-साथ विगत की स्मृतियों और भविष्यत की कामनाओं का भी आलिंगन करता है–विगतागत का चल वर्तमान।

शब्द-भाषा के पिंजरे में भाव तथा विचारों के पंछी पंख फड़फड़ाकर रह जाते हैं उड़ने के लिए मुक्त विचरण के लिए जो मौन का निरवधि महावकाश चाहिए उसके न मिलने पर उनका गान अधूरा ही रह जाता है। पद्‌म कोष का पराग तो महामौन की समाधि में ही झरता है।

सुन्दरता के बारे में मैं जो भी कहूँगा वह भूख में एक टुकड़ा होगा।
सुन्दरता के बारे में जो भी कहूँगा वह प्यास में एक बूँद होगी।
सुन्दरता के बारे में जो भी कहूँगा वह अँधेरे में उजाले की एक किरण होगी।
वह गायक के कंठ में करुणा में भीगा एक स्वर होगा।

सौन्दर्य का रहस्य उसके घूँघट में है। निरावृत होने का क्षण ही सौन्दर्य से साक्षात्कार का क्षण है। सृष्टि और उसमें पूँजीभूत संपुजित सत्ताओं के स्फुरित होने का अनोखा क्षण...जलवानुमाई का लम्हा।...जिसकी ताब हज़रत मूसा तक न ला सके, हमारी-आपकी तो बिसात क्या!

क्यों इतनी प्यास है सौंदर्य की आदमी के भीतर! कभी-कभी सोचता हूँ कि सचमुच आदमी अभी भी सौंदर्य का इतना भूखा है!

सौंदर्य आवश्यकता है, आविष्कार है या आनन्द...क्या है? मुझे लगता है सौंदर्य आत्मा की भूख है, सर्जना उसकी प्यास है और कर्म उसका जागरण है, प्रकाश है...और शायद इन सबका आईना भी!

कविता की भाषा चिलमन की भाषा है। उसमें कही गई बात का मर्म, रूप और सौन्दर्य कुछ इस तरह से हमें दीखता है कि हम उसे देखने के लिए उत्कंठित होते जाते हैं और उसे देखने की प्यास इस कदर बढ़ती जाती है कि बोली-भाषा का पर्दा खेंचकर हम इसके समुद्र में उतर अवगाहन करने को व्यग्र हो उठते हैं। कविता की भाषा हमें बुलाती है। उसका एक-एक शब्द भाव-सौन्दर्य को अपने गर्भ में छिपाए सीपियों में बन्द मोतियों के समान है जो अतल की लहरों में घिरा रहता है। सागर की विभिन्न मुद्राएँ कविता में चित्त की गतियों के मुखर भावावेश और मौन संलाप की नाटकीयता से मंडित रहती है।...और सागर की हर साँस की उमड़न कविता की नाड़ी और लय का नियमन करती है।

भाषा में तो कविता के प्राण बसते हैं और कभी-कभी तो वह शब्दातीत भी होती है। (अज्ञेय के शब्दों में 'नीरव अन्तराल') उसी में अनुभूति की मणि और अर्थगर्भ मौन की सीपी में कविता का मोती अर्थात् जीवन-मर्म...।

मेरे शब्दों को महामौन के गान में बदल दो...!

मेरे शब्द धरती की यात्रा में हैं जंगल, वन, घाटी-उपत्यकाओं, समुद्र-पहाड़, नदी-झरनों को निरखते पेड़-पत्तियों और फूलों को निहारते खेत-खलिहानों से होते हुए मज़दूरों और लोगों के घर-बस्तियों से गुज़रते हुए बेघर थकी चिड़िया की तरह लौट आए। धरती के दुख को और धरती के आह्लाद को मेरे शब्दों के स्वर में कहीं शरण नहीं मिल सकी। दुख और करुणा, विस्मय और आह्लाद से भरे मनुष्य के हृदय की समाई मेरे शब्दों में नहीं हो सकी।

मेरे शब्दों में दुख अपना घर नहीं बना सके। किसी बेघर की तरह से मेरा दुख शब्दों में समाये बिना ही लौट आया है धरती से। मैं अनुच्चरित शब्द की तरह ही लौट आया हूँ धरती से।—

धरती का सारा ऐश्वर्य गान में समा जाए
धरती का सारा दुख, सारी करुणा राग में बह जाए
धरती का सारा ठाठ रंगों में ढल जाए

अब तुम उसे महामौन का समुद्र दो जिसमें धरती के समस्त गान और धरती के समस्त राग और धरती के तमाम रंग मुखर हो उठें और मैं जानता हूँ वह शब्द, वह गान और वह महामौन भी मेरा नहीं है। लेकिन [illegible]री लालसा से बँधा है।

उम्र भर के लिए एक मुखौटा मिला था जन्म के साथ। अब जब आख़िरी वक़्त आया है तो मृत्यु ने उस मुखौटे को हटा दिया है जिसके पीछे उसने अपने चेहरे को अब तक ढाँप रखा था। मृत्यु कुछ नहीं बदलती, सिवा इस मुखौटे के—और हम हैं कि इसी मुखौटे को जीवन कहकर बुलाते हैं।

भाषा काल की डोर है जिसके सिरे भूत-भविष्यत से जुड़े हैं। भूत और भविष्य के बीच आस का एक दरिया बहता है। और हमारी हर साँस आस की इस तनी हुई डोर पर दम साधे एक-एक क़दम सर्जना के पड़ावों को पार करती हुई वहाँ पहुँचती है जहाँ कुछ नहीं का बोध होने पर भी नील प्रशान्त लहरों की एक अजब़-सी खोमोशी में गूँजता सन्नाटा है—वही फिर मुझमें बोलता है, मैं नहीं।

काल भाषा पर सवारी करता है। भाषा काल की वाहिका है। वह घटनाओं की पीठ पर सवार है और हर घटित में अपने को, अपने चेहरे को रूपायित करता है। समय की एक-एक फाँक क्रियाओं में अपने को नियोजित करती है। अनुभव के पहाड़ पर समय की पत्तियाँ हमारे भीतर एक अन्धड़ उठाती हैं। भाषा अपनी अग्नि से काल के इस अखंड अजन्मे को सहस्र रूपाकारों में रचती-ढालती रहती है।

भाषा ही है जो काल के भीतर समय का चेहरा गढ़ती है।

जीवन के सामने उपन्यास क्या है—ज़्यादा-से-ज़्यादा एक वाक्य ही तो है।...बस और क्या!

...और कविता : उम्र की एक बूँद जिसमें कभी-कभी जनम-जनम के आ मिले अनुभव का आलोक शब्द में अवतरित हो जाता है...और जिसमें वेदना से उपजे मानुष-प्रेम की अखंड अहर्निश ज्योति जला करती है। और, इस ज्योति के लिए वेदना और प्रेम में पगा एक शब्द ही काफ़ी है।...'एकै आखर प्रेम का!';...लेकिन हाय, अब तक न पाया गया वह आखर...!!

हमारे देखे हुए में से हमारा अपना कितना है...हमारे सुने हुए में से हमारा अपना सुना हुआ कितना है जो सबने या किसी और ने नहीं बस सिर्फ़ मैंने ही सुना हो, मुझे ही सुन सका हो...मेरे द्वारा ही देखा-सुना गया हो...केवल मेरा और मेरा अपना हो...मेरा अपना अनुभूत। —अनुभव अनुस्यूत! वहीं से उसी बिन्दु से तो कविता का आरम्भ होता है...वही तो रचना का प्रस्थान बिन्दु है...यही वह क्षण है जब चित्त में कविता या कला या सृजन मात्र का बीज पड़ जाता है। जब हम ऐसी अवस्था में होते हैं हम ख़ुद भी उससे अनजान होते हैं। भान से परे एक विचित्र मनःस्थिति होती है जिसे कुछ शायरों ने 'बेख़बरी का आलम' कहा है।

झूठ बोलने से हम और हमारे भीतर-बाहर जो कुछ है उसमें से थोड़ा-सा कुछ मर जाता है। झूठ बोलने से हमारे मन की संकल्पात्मक अनुभूति का क्षरण होता है जिसका तत्क्षण हमें आभास तक नहीं होता।

झूठ संकल्प शक्ति में घुन के समान है जो सच की काया को चाट-चाटकर खोखला कर देता है।

कला : काल का अतिक्रमण है। कला के गर्भ में जाकर 'अब' अपने सातत्य में रहता हुआ भी 'तब' काल में पुनरुज्जीवित होकर उन्मुक्त होने का जो संस्पर्श जगाता है, वही कला का कालातीत आयाम है। उस 'तब' में पहुँचकर भी कला हमें काल से ऊपर उठा देती है। राग में जैसे समय के बन्धन टूट जाते हैं।... समय की सरहदें गुम हो जाती हैं।

'अब' और 'तब' तो काल की मर्यादा है...मर्यादा का बन्धन है। कला उसका उल्लंघन करती है...कला के द्वारा भी उसका उल्लंघन किया जाता है। कम-से-कम महान कला तो यह करती ही है।

अमृतलाल वेगड़ की पुस्तक 'सौन्दर्य की नदी नर्मदा' पढ़ रहा था। पढ़ते-पढ़ते एक वाक्य पर ठहर गया। वेगड़ जी कहते हैं, "पहाड़ी को लाँघकर क्या आए थे, एक सर्वथा नवीन सौन्दर्य-लोक में आ गए थे।...ऐसा लग रहा था मानो हम किसी अछूती भूमि में से जा रहे हों।" यह वाक्य ख़त्म होने से पहले ही मुझे लगा मेरी साँस अटक रही है। वह थम-सी गई है–सीने में एक फाँस जैसी...कुछ...! मैं 'अछूती भूमि' पर ठहर गया था। मैं सोचने लगा 'अछूत' शब्द से ही 'अछूती' शब्द बनता है लेकिन दोनों में अर्थ का संसार कैसे दो किनारों पर जा बसा है। एक में ('अछूती') कितना भव्य, पावन और अनोखेपन का भाव है तो दूसरे ('अछूत') में कितना गर्हित, दलन, अन्याय और क्रूरता का सामाजिक (या कि अ-'सामाजिक) कोढ़!!

कैसी विडम्बना है। समाज भी ख़ूब है। अजब लीला है शब्दों की। 'अछूत कन्या' और 'अछूती कन्या।'

अकेलापन; सीने पर रखी हुई समय की शिला पर खिंची लक़ीर की तरह है जो मिटाए मिटती नहीं–

समय की शिला...
काल की चट्टान...
वक़्त का दरिया...

कैसे-कैसे लिबास हैं वक़्त के–वक़्त का जिस्म क्या उरियाँ है! वक़्त की उरियानी ढाँपने के लिए ही हमने इतने रूपक जमा किए हैं..., विशेषण ढूँढ़े हैं!

भूतकाल (अतीत) एक ऐसी बला है जिसका कभी क़त्ल नहीं हो सकता।

आजकल की ज़्यादातर फ़िल्में...ज़्यादातर क्या लगभग सभी की सभी (इक्का-दुक्का को छोड़कर) फ़िल्में प्रेम के नाम पर जैसे लिपी-पुती देह की मंडी का नज़्ज़ारा भर हैं। कूल्हे मटकानेवाली जमात कलावन्त बनी हुई है। फ़िल्मी पर्दे की ओट में और कला की आड़ में एक थनैला नाच पूरी पीढ़ी के दिमाग में धुन्ध की तरह छाया हुआ है—जिसमें देह-घाटी के उन्नत पर्वत-शिखर सब अँटकर डूब जाते हैं।

फ़िल्मों में प्रेम-व्यापार क्या देह-व्यापार और देह-व्यापार भी क्या उसके नाम पर ज़रीदार कढ़ाईवाला रेशमी लहँगा-चोली सिला जा रहा है। पर्दे पर बार-बार लहँगे को फैलाया जाता है...परोसा जाता है...बार-बार उठाईगीरों की तरह कैमरा चोली की तनियों और बन्दों की तरफ़ गिद्ध-दृष्टि डालता है। दरअस्ल, अब तो क़ायदे से रीतिवाद भी नहीं रहा!

ये लोग, तो क़सीदा भी ढंग से नहीं पढ़ सकते।

और जो क़ौम सलीक़े से क़सीदा नहीं पढ़ सकती उससे मर्सिया (सच्चा मर्सिया) पढ़ने की उम्मीद करना बेज़ा है।

मूर्ख और मासूम लोगों को एक समझना वक़्त पर चली हुई चाल है
या...मूर्ख और मासूम लोगों को एक समझना नासमझी है
या एक नई समझदारी
या एक घिसी-पिटी उदारता में लिपटी लम्पटई
मासूमियत के नाम पर मूर्ख बनाना कुछ लोगों का पेशा है
और मूर्खता के नाम पर मासूमियत से धरती के कलेजे में छेद करना
और...धरती और धरती-पुत्रों का दलाल बने रहना कुछ लोगों की फ़ितरत है
फ़ितरत फ़ितरत है; आख़िरश नहीं बदलती
पेशा; पेशे में बदलने की उम्मीद भी है बेशक पेशा बदलने की ही हो

तकनीक और वह भी मशीनी तकनीक परिणामतः एक वृहद समाज को जोड़ती हैं। क्योंकि तकनीक शायद अपनी मूल प्रकृति में उपयोगितावाद से जुड़ी होती

है। फिर भी मशीन हाथों के कौशल को नष्ट करती है। वह बनी हुई वस्तु में से कारीगर के चेहरे को झाँकने नहीं देती। (उस कारीगर के हाथों की छुअन और बनाते-तराशते समय चारों ओर से उलट-पुलट कर घुमा-फिराकर देखना, छू-छूकर देखना...इस देखने में चीज़ के तैयार होते जाने का आत्यन्तिक बोध छिपा है। अर्थात् वस्तु के मनचाहा रूप-आकार लेते जाने से मन में उपजा रचनात्मक तोष। रचने-गढ़ने की इस प्रक्रिया में स्पर्श-संवेदन अर्थात् त्वक् इन्द्रिय की भूमिका महत्त्वपूर्ण और निर्णायक होती है।) कारीगर की आँखों में निहारने का सुख या उँगलियों के फिराने की ललक और वस्तु के तैयार होते जाने के छोर पर पहुँचकर उसके मन की बढ़ती अधीरता और पूरी हो जाने के साथ एक औत्सुक्य अर्थात् रचने की समस्त लय-संरचना का संसार अनदीखा रह जाता है। रचने में जो राग है जिससे सिरजने की और-और रंगतें, और-और उपज सामने लहराती हैं—यानी रचने की इस प्रक्रिया के आरंभ में कलाकार रचता है लेकिन एक स्थिति के बाद वह कला ही कलाकार को रचने लगती है। घनानंद भी तो कहते हैं—'लोग हैं लागि कवित्त बनावत, मोहि तो मोरे कवित्त बनावत।' रचते समय जो भाव, जो बोध और संज्ञान से जो अनुभूतियाँ उमड़ी थीं वे सब लय और गतियाँ ऐन्द्रिय संवेदन के अभाव में सूख गईं। बिना ध्वनियों के अनुभूतियों का रूप कैसा होगा। गति-ध्वनि यानी लय का स्रोत। गति; लय का आकार भी है और गति लय का देश भी है। गति में ही लय संचरण करती है। ध्वनि 'इस देश' का अलंकरण करती है...

लेकिन जिन हाथों ने मशीन बनाई थी बाद में धीरे-धीरे उस मशीन ने हमारे रचनेवाले समाज के हाथों को ही हमसे छीन लिया। यह ऐसा बिन्दु है जहाँ से बहुत सारे सवाल उठते हैं। क्या हाथ और मशीन में तीन और छह का रिश्ता है...

क्या मशीन हाथ की संस्कृति के लिए अनिवार्यतः घातक है...

क्या मशीन कला और कौशल विरोधी है...

क्या मशीन आपसी रागजन्य संस्कृति का क्षरण करती है...

क्या मशीन अनुभव करनेवाली शक्तियों तथा ऐन्द्रिय संवेदन को नष्ट करती है...

क्या मशीन परस्पर निर्भरता के सिद्धान्त को ख़त्म करने की ओर बढ़ती हुई व्यक्ति को अलग और सम्पूर्ण होने के लिए उकसाती है...

क्या मशीन अनिवार्यतः श्रम की संस्कृति की दुश्मन है...

क्या वह रचना की प्रवृत्ति की जड़ों के लिए घातक है या कि वह रचने की आकांक्षा को ही मारती है...

क्या वह श्रम के प्रति अनास्था...अनादर नहीं उपजाती...

क्या वह हिस्सेदारी या भागीदारिता की भावना के प्रति उदासीन बनाती है...।

क्या वह कारीगर की कल्पना और उससे उपजी संरचनाओं में छिपे रूप-प्रारूप या आकारों में भी प्रछन्न दीख पड़नेवाले रूपातीत संकल्पनाओं की गर्भ में ही हत्या (नहीं) कर देती है...

क्या मशीन लोक के प्रति भी अरुचि दिखलाती है और सीखनेवाले भाव के प्रति भी उदासीन रहती है या उससे मुँह फेरे रखती है...

विज्ञापनी संस्कृति और बाज़ारवाद की बेहयाई के जिस दौर से हम गुज़र रहे हैं उसमें अपने को कवि कहने के लिए एक दुस्साहस की ज़रूरत पड़ती है। अपने को कवि स्वीकारने में एक शालीन झिझक होती है जैसे हम अपने किए पर भीतर-ही-भीतर 'शर्मिन्दा' हों। क्या यह कोई पेशा अथवा व्यवसाय नहीं है? या कि पेशा हो नहीं सकता...। आख़िर इस झिझक और शर्मिन्दगी के पीछे बात क्या है। कोई अपने कवि होने को गरिमा के साथ क्यों नहीं बता पाता। कोई अपने आप को कवि कहकर देखे—देखो लोग कैसे झपटेंगे, फाड़ खाने को भी आ सकते हैं...या फिर बहुत मुमकिन है कि बेकार का, बेपरवाह और दुनिया से बेख़बर क़िस्म का आदमी जानकर वे आपकी ओर देखना तक गँवारा न करें। हो सकता है, कोई उनमें से आपको ऐसी तिरस्कार भरी नज़रों से देखे कि तुम्हारे जैसों की वजह से ही 'स्सालों' इस देश का ये हाल हुआ है। कोई मन ही मन लानत भेजे और अपने सारे क्रोध के 'क्लौट' को आपके चेहरे पर थूककर अपनी नागरिकता का प्रमाण दे।

क्या हम अभी तक उसी समाज में रह रहे हैं जिसमें लोगों को जब यह पता चलता है कि आप कवि हैं या कि कविता जैसा कुछ लिखते हैं तो उनकी मुख मुद्रा को देखकर आप का चेहरा उतर-सा जाता है? गोया आपका चेहरा आपका (अपना) नहीं उसने किसी की उतरन पहन रखी हो। सामनेवाले को लगता है कि आप ठीक से खड़े नहीं हो पा रहे हैं...उस गई-बीती हालत में कवि की पलकें कुछ तेजी से झपकने लगती हैं और कन्धे सिकुड़कर ऊपर की ओर उठ जाते हैं। डॉक्टर और इंजीनियर को देखिए कैसे अपने दर्प में चूर, नथुने, फुलाए, पेट फुलाए, टाई को लहराते हुए दोनों हाथ पैंट की ज़ेबों में बेफ़िक्री से डाले—रान और

पिंडलियों को तान-तानकर गर्दन में कुछ ऐसे बल डालते हैं मानो सारे समाज की सेहत और टूट-फूट का जायज़ा ले रहे हों।

एक रचयिता कुम्हार भी है जो चाक चलाने से लेकर अभाव तक की श्रमजीवी यात्रा करता है। मूर्तिकार है, पेंटर-चित्रकार, यहाँ तक कि गवैयों की श्रम साध्य तान और तालों के बीहड़ प्रदर्शन आदि-आदि (दरअस्ल कवि का काम ही ऐसा है कि वह मेहनत करता हुआ दिखाई नहीं देता है) दिखाई देने का दरअस्ल बड़ा महत्त्व होता है। उसका अपना एक अलग 'इम्पैक्ट' पड़ता है। जब वह अपनी दुनिया में अकेला होता है और रच रहा होता है—अव्वल तो उसे कौन देख पाता है या देखना चाहेगा—न तो उसमें लोगों को मेहनत दिखाई पड़ती है, और फिर जब वह अपनी रचना लेकर लोगों के सामने आता है और पढ़ता है तब भी वह लोगों को मेहनत करता हुआ नहीं दीखता। मदारी या बाजीगरी तक के काम में लोगों को विस्मय, कौतुहल के साथ-साथ मेहनत भी दिखाई देती है लेकिन कविता—'बैठे ठाले का धन्धा' ही रह गया—वाग्विलास जैसा कुछ!

कवि का कर्म वस्तुतः रूपदर्शी नहीं है, वह रूपातीत है। उसके व्यापार की प्रकृति ही ऐसी है कि वह प्रत्यक्ष दिखाई देनेवाली नहीं। उसका साज़ो-सामान भी ऐसा नहीं कि जिससे देखनेवालों में कुछ करते हुए दिखाई देने का एक आकर्षण पैदा हो सके या औत्सुक्य भर निगाहों से उसे एकटक निहारते हुए इतना तल्लीन हो जाएँ कि सुध तक बिसर जाए। शायद भीतर उन्मेष का जो पारावार उमड़ रहा होता है उस मानसिक उद्विग्नता के अविराम सर्जनात्मक आवेग के सहस्रांश की छटा कदाचित ही मुख-मंडल पर खेलती हो।

कविता के लिए पहले तो चिन्तन में पगी अनुभूति का समुद्र चाहिए, फिर उस पर समुद्र में छिपे गहन बोध को बेधनेवाली मत्स्य जैसी ज्ञानेष्णा और फिर चाहिए काव्य-भाषा का समुद्र पर फेंका हुआ वह जाल जिसमें समुद्र की कोख का मर्म हथेलियों पर मोती-सा दमक उठे। यह ठीक है कि कविं मूलतः रूपदर्शी होता है; इस पर भी वह लीलाधारी नहीं है। सब कुछ की तथता का बखान करनेवाला एवं प्रकाश में लानेवाला कवि तो स्वयं शून्य में डूब चला होता है। मुश्किल तो कवि-कर्म की यही है कि भीतर चलने वाले सारे संघर्ष का अवतरण किसी पर्दे पर लीलारूप में क़ैद नहीं किया जा सकता—शायद ऐसा कभी हो सके। भीतर संवेदना की पथरीली चट्टान इस तरह गलती और चूर्ण होती रहती है कि उसकी छनक बाहर आते-आते (तक) शब्द पुष्प में और पुष्प पराग में रूपायित होकर हवाओं में बिखर जाता है—इन हवाओं पर कोई लयविद्ध रूप का

ठाठ बाँधा जा सके तो बात और है अन्यथा तो कवि-कर्म समाज की नज़रों में फिर वही 'बैठे ठाले का धन्धा' है।

मशीन...मशीनीकरण...यंत्रवाद

—एक प्रपंच। एक छलना। एक झूठ...एक धोखा...एक फ़रेब।

तकनीकी साधन एक प्रपंच उपजाते हैं, और उस उपजे प्रपंच से लगातार प्रपंच का एक नया विमर्श तैयार होता रहता है। वह प्रपंच की दुनिया में आस्था का प्रेरक बन जाता है।

मशीन इस झूठ से ही शुरू होती है और जताती है कि उससे बनकर निकली हुई 'कोई एक चीज़' सबकी सब एक जैसी ही हैं—एक ही हैं। यानी वह 'वैशिष्ट्य' को समाप्त करती है। चीज़ों से उनकी निजता छीन लेती है। चीज़ों से उनका 'आत्म' उनका स्व (स्वत्व) हड़प लेती है। और; पूँजीवाद इसी आत्म और स्व के हड़पने को मानव विकास के नाम पर, भौतिक सन्दर्भों में, उसे समानता और समाज में लोगों के बीच ग़ैर-बराबरी समाप्त करने के नाम पर लगातार स्थापित करता चलता है। और हमें बताता है कि यंत्र इसलिए श्रेयस्कर है कि उसकी प्रकृति में भेद है ही नहीं। वह मूलतः भेदरहित है। अन्ततः पूँजीवाद इस भेदराहित्य को और (सब एक ही है) ऊँच-नीच से परे एक छद्‌म समानता को साम-दाम दंड भेद हर तरह से भुनाता है। उनके द्वारा फैलाए गए और प्रचारित किए गए इस तथाकथित 'भेदराहित्य' और 'छद्‌म-समानता' से लड़ना होगा। इसे खंडित करना होगा। इसे डिकोडीफ़ाई करना होगा। शोषण की सारी सत्ताएँ, सारी शक्तियाँ आत्म छलना के इसी मायावी धागों से बुनी हुई (उलझाई गई) झूठ की ऐतिहासिक कंथा के प्रदर्शन का प्रपंच है। इस प्रपंच से बाहर आना होगा। बाहर आने के लिए सबसे पहले ख़ुद से लड़ना होगा। क्योंकि हर लड़ाई सबसे पहले अपने से—अपने आप से शुरू होती है। और सबसे पहले अपने को ही जीतना होता है।

इस पूँजीवाद के पास एक टैक्नोपॉलिस, टैक्नोमीडियाटिक, टैक्नो-माडर्निटि का विविधवर्णी संसार है। झूठ की आकर्षक, मनोहारी, अभिभूत कर देनेवाली सम्मोहनकारी छवियों की भित्तियों पर खड़ा है यह पूँजी और पूँजीवाद का भवन। झूठ का यह पुलिन्दा कभी-कभी आपके जीवन में इतने शक्तिशाली और इतने सहज रूप से परमावश्यक भूमिका में उनके द्वारा उतार दिया जाता है कि आप

ख़ुद ही कह उठते हैं यह झूठ कोई झूठ थोड़े ही है। इसी से दुनिया चलती है...जीवन की नाड़ी चलती है...यह तो नियमन का आधार है...यह तो दुनिया की रीत है, ऐसे ही चलती आई है ये दुनिया, यह सृष्टि—यानी उस (झूठ) को हमने ख़ुद ही वैधता प्रदान कर दी अब उसे झूठ बोलने का न केवल लायसेंस लेना नहीं है बल्कि झूठ की सत्ता पर स्वाभाविक शासन करने का प्रकृत अधिकार भी मिल गया।

क्या सच नाम की भी कोई सत्ता है...कोई अपनी सत्ता! क्या है कोई प्रतिलोम सत्ता? है कोई समानान्तर दुनिया। प्रति सत्ता? यदि है तो इस प्रति सत्ता का स्वरूप क्या है। क्या है उसका स्व'भाव'। कैसा है उसका चरित्र। यह समानान्तर दुनिया कैसी है। कैसे हैं उस दुनिया के लोग?...वहाँ की आबो-हवा।

ईश्वर किसी दूसरे में नहीं वह अपने में ही है। अपने भीतर।...मनुष्य में ही ईश्वर है। और फिर यह ईश्वर क्या है सिवा-अपने भीतर के समष्टि प्रेम के,...अभिन्न प्रेम के रूपों के जो कभी हमारे भाव...बोध और चेतना में कौंध जाते हैं।

...मनुष्य में ही ईश्वर है। मानवीय उपस्थिति के रूप में। वह हमें दुख और वेदना की घड़ियों में, गहनतम व्यथा के क्षणों में या फिर आसन्न संकट से भरे चरम विह्वलता के क्षणों में मानवीय उपस्थिति में हमें वह दीख जाता है ईश्वर के रूप में।

—और मानवीय उपस्थिति ही क्यों। मनुष्येतर भी। किसी भी सृष्ट-रूप में। किसी भाव-सत्ता में प्रत्यक्ष-प्रछन्न प्रतीति में।

जब किसी दूसरे के सम्मुख हम अपराध बोध से ग्रस्त होकर क्षमा प्रार्थी होते हैं तो किसी दूसरे के सामने नहीं बल्कि अपने ही से, अपने सामने ही होते हैं। किसी के सामने होने का बोध—वह तो अहं के विगलन का एक मुखौटा मात्र है। वस्तुतः तो हम ही ख़ुद माफ़ी माँगते हैं अपने मुखौटे के सामने, अपने मुखौटे से।—'पर्सोनाफ़िकेशन'...। यह 'पर्सोनाफ़िकेशन' भी अजब चीज़ है...आत्मशोधन की युक्ति है अपने को गलाकर, अहं भाव तिरोहित कर शुद्धिकरण करने की; कलुषता और मैल की परतों को हटाकर जैसे सत्य निखर उठने पर मन निर्विकार और निर्मल होकर धूप-सा खिल उठता है। उर्ध्वगामी हो निर्भार उड़ने लगता है।

प्रार्थना भी और प्रायश्चित भी हम अपने से ही करते हैं अपने में समाये भीतर किसी विराट सत्ता-बोध के सम्मुख ही।

कुछ धार्मिक आस्थाएँ कितनी मायावी होती हैं, जो कविता को धीरे-धीरे लील लेती हैं। लेकिन सुनते आए हैं कि आस्था के बिना जीवन नहीं है। आस्था ही उसमें रंग भरती है, रूप देती है। ठीक है, लेकिन आस्था का यह आध्यात्मिक रूप कैसा है जो कविता की...कला मात्र की बलि चाहता है।

अतिशय आस्था और आध्यात्मिकता कविता की शक्ति का क्षरण करती है, वह निगल लेती है और सटककर निगल ही नहीं लेती बल्कि आध्यात्मिकता (का वह रूप) कविता को हज़म कर लेती है। यद्यपि यह धारणा का आत्यान्तिक रूप इसलिए हो सकता है कि यह तो कवि पर निर्भर करता है कि आध्यात्मिकता के साथ उसका बर्ताव कैसा है, आस्था के किस आयाम को उसने कितना सर्जनात्मक रंग बख़्श दिया है। यानी ज़हर कब अमृत बन जाए और अमृत कब ज़हर; यह तो...!

मुझे रहस्य की अनुभूति अन्धकार से ज़्यादा आकाश के निरवधि विस्तार; चुपचाप बैठी घेरती, और यहीं-कहीं कुछ होने के अहसास जगाती हवाओं और सबसे ज़्यादा तो प्रकाश की प्रशान्त थिर अनियों के साये में होती है। वहाँ रहस्, आध्यात्मिकता, विराट का प्लावनकारी आक्रान्ता रूप के साथ गहरे काव्यत्व का बोध होता है—मुझे वही काम्य है, उसी को साधना चाहता हूँ, वह क्षण सर्जना के हैं और सम्मोहन से भरे, गोया किसी जन्म में भूलकर कुछ खोया हुआ पा जाने का आह्लाद। संसार की सारी चुप्पियों में मानी भरने वाला नीरव रव, अनबोला बोल, लय में पगे अनुभव का राग-समुद्र, लहरों के उत्ताल स्वरों का आरोह-अवरोह, काल के गर्भ से मात्राओं के योग से रचे ताल के सृष्ट प्रकम्प और लय योग की सन्निधि से निरावृत होता नाद—क्या कुछ नहीं है यह क्षण!

मैं हूँ। किसी का हूँ। सपना हूँ। देखा हुआ अनदेखा हूँ—

स्मृति में
विस्मृति...का
...फूल।

उसने कहा, 'ज़रूरत से ज़्यादा मुझे कुछ नहीं चाहिए।'
मैंने कहा, 'इनसानियत भी नहीं।'
अचकचाकर उसने कहा, 'इनसानियत! उससे तो ज़रूरत भी पूरी नहीं होती।...ज़्यादा की तो बात छोड़िए।' मैं अवाक्...सोच में पड़ गया।
और फिर वह 'कैसी बातें कर रहे हो यार' कहकर उलटे पाँव मुझे मटूरता हुआ चला गया।
उसके बाद मैं...
मैं भी।...मैं नहीं रहा!
(शायद...ज़रूरत से ज़्यादा...!)

अरे! आप अकेले बैठे हैं...और इस घने अँधेरे में क़ैद–
अब तो यह कहनेवाला भी कोई नहीं है, यहाँ
... ...
आसमान जाने कब बोलेगा
धरती जाने कब बुलाएगी
ख़ैर यह भी वक़्त की अदा है
उम्र के साथ चली जाएगी
आख़िर, आसमाँ भी तो रंग बदलता है
धरती भी तो करवट लेती है!
चलो अब चलते हैं
सुबह ख़ुद-ब-ख़ुद चली आएगी

स्वर तो ऐसा कि देश का अमूर्त भी मूर्त होकर खिल उठे। और तानें, तानों की लपक का क्या कहना...तानें भी ऐसी कि अलंघ्य दूरियों को भर-समेटकर जैसे काल को मुट्ठियों में बाँध लिया हो...।

...ज़िन्दगी! जीवन अब एक ऐसा दुःसह इन्तज़ार है जिसे अब कभी परिभाषित नहीं किया जा सकेगा।...और इन्तज़ार घिसटती हुई मौत का ही दूसरा नाम (है...होता जा रहा है!) और इस घिसटती हुई मौत का सामना कोई शब्द नहीं कर सकता। अब किसी लफ़्ज़ में ताब नहीं रह गई है ज़िन्दगी से आँख मिलाने की। तमाम लफ़्ज़ अधूरे हैं...गूँगे हैं...पथरा गए हैं जड़ होकर। एक उम्मीद-सी बच रह गई थी कहीं (हालाँकि वह भी काँपती लौ सी) पर...उसके आख़िरी बार 'ना' करने के बाद वह भी जाती रही—अँधेरी ज़िन्दगी में एक सिहरन-सी थी, वह भी जड़ता में बदल गई।

—अब मैं उजाले का बुत बनकर खड़ा हूँ अपने ही को ढूँढ़ता!

... ...

बिछड़ने के हज़ार मतलब हैं
उनमें से एक है मृत्यु
इन्तज़ार के लिबास में घिसटती हुई मौत
मृत्यु—बिछड़ने के बहुत-सारे पते-ठिकानों में से एक
और मिलने का एक ही मतलब है
और; जो दुनिया के हर मतलब से परे है—प्यार, जीवन
फिर चाहे वह दुनिया के हर मतलब से परे ही क्यों न हो
—जैसे प्यार...!

संगति ही तो संगीत है। ध्वनि संगति। स्वर संगति। नाद संगति...संगीत का मूल। संगति और संगति और संगति...। संगति के भिन्न-भिन्न रूप, भिन्न-भिन्न धरातल, भिन्न-भिन्न लय-रूप-प्रकृति—संगति से विसंगति तक।...ढला हुआ ध्वनि-रूप सब कुछ संगीत। सब कुछ। और तो और फिर चाहे वह असंगति ही को क्यों न छू ले। नाद-लय के समुद्र में अवगाहन कर फिर असंगति में भी संगति तत्त्व आकर अपना एक अलग ही रंग और अनोखा स्वाद देते हैं।

संगीत ही तो है जो विसंगतियों को भी मिटा देता है। संगीत में ही वह शक्ति है जो 'फ़ना' की मंज़िल तक पहुँचा देता है। सारे द्वैत जहाँ घुल जाते हैं। सज्दा

और चौखट में कोई भेद नहीं रह जाता–शायद यही पल होता होगा सत्ता में सत्ताओं के मिलकर विसर्जित होकर तद्वत हो जाने का...कैसी होती होगी वह घड़ी, महामिलन की...!

स्वर...सुर।...सुर ही सूर्य है।

स्वर में उसी की छाया है।...और छाया बिना प्रकाश के सम्भव ही नहीं। अतैव प्रकारान्तर से सुर सूर्य है और ताल उसी सूर्य की छाया तरंगों को काल-रूप में उद्भासित करने वाले आयाम–छाया की भी छाया।...प्रतिच्छाया; जो अपने स्वराघात से अनन्त के अवकाश को अपने अनुरणन से भर देती है।

स्वराघातों से उत्पन्न नाद के सृष्ट रूपों को ताल का बहुआयामी प्रकाश अपनी रंजनकारी शक्ति से उसे गत्यात्मकता और आह्लाद से भर देता है।

ताल : स्वर से उद्भूत उन्मेषकारिणी आप्लावित त्वरित गतियों के सम्पुंजन का कालगत सम्भार।

ताल : काल में गुँथी गतियों का स्फुरण; प्रकृत स्फुरण।

ताल : काल में गुँथी गतियों का कौतुक...क्रीड़ामय रंजन...

रंजनकारी आह्लाद की त्वरा और 'सम' उस त्वरा का ठीहा...पड़ाव। यानी त्वरा **को चीन्हने**वाली काल की सत्ता का (प्रकारान्तर से ताल सत्ता का ही) पड़ाव...!

रूप में जो अँट नहीं सका, रंग हो गया। रंग और कुछ नहीं लीला के प्राकृतन नक़्श है, वजूद में आने से जो रह गए वो धब्बे हैं, किसी देह में जाकर साँसों की तरह धड़कने के लिए बेचैन।

ऋतुओं के समस्त आह्लाद **रंगों में** हैं; उनके भीतर बसे हुए। बस पहचानकर कोई छू ले अपनी सर्जनात्मक दृष्टि और अपने चमत्कारी हाथों से। दिन और रात के तमाम कारोबार रंगों में सोये हुए हैं, तमाम बिछड़े हुए संसार की सृष्टियों का हृदय क्रन्दन तथा उदासियाँ रंगों में क़ैद हैं और आनेवाली अनदेखी दुनिया के तराने-नग़मगी रंगों के भीतर लहरों की शोख़ियों के मानिन्द अभी समुद्र की छाती में अकुला रहे हैं–जैसे किसी स्वर साधक के हृदय में राग अपने पूरे शृंगार और

संस्कार के साथ बाहर आने को अधरों पर बरबस मचल उठें—रंग दरअस्ल निराकार सृष्टियाँ हैं। आकारों में जैसे रूप की वंचना...।

रंग—हर कला में समाया हुआ है। समस्त कला-व्यापारों में रंग शामिल है। रंगों के बाहर भी होते हैं रंग, अपनी पहचान से परे, किसी पारखी की दरकार करते हुए—कि पहचान सकते हो तो पहचान लो, खोज सकते हो तो खोज लो हमें। हम छिप नहीं गए हैं। हमने तो बस ज़रा भेष बदला है वह भी अपने वजूद के लिए।

अन्ततः यह शायद ही कोई बता सके कि उस कृति विशेष का अथवा रचना का चरम सत्य क्या है।—यहाँ तक कि रचनेवाला भी शायद नहीं जानता। बल्कि मुझे लगता है कि उस चरम सत्य या अन्तिम सत्य के रहस्य को जानने के लिए वह रचना के अन्तःसंसार में गहरे उतरकर जिन आवरणों को एक-एक कर हटाता है वही रचना के रंगीन धागों की गुंजलक भरी सूरतें कभी-कभी एक मुजस्सिमे की मानिन्द ढलती नज़र आती हैं। रचनात्मक उन्मेष के क्षणों में हम कवि-रचनाकारों के लिए वह काव्य अथवा कथा के अनन्त रूप, जीवन और जीवन को समग्रता के साथ घेरने और परिभाषित करने के साथ कभी-कभी जीवनमुक्ति का रूपक भी रचते-गढ़ते प्रतीत होते हैं। इस तरह हर रचना किसी अन्तिम सत्य को भाष्य के रूप में कभी प्रकट नहीं करती। बल्कि रचना के भीतर यथार्थ—अनुभव अथवा बोध/सत्य को पाने पकड़ने की बुभुक्षा/ललक-लालसा ही हमें भटकने का और उम्र भर भटकने का हौसला देती है।

दयारे-फ़न में जहाँ मंज़िलें भी फ़र्ज़ी हैं
तमाम उम्र भटकने का हौसला रखियो

—हसन नईम

अनचीन्ही कस्तूरी को पाने के लिए ही जीव इस दुनिया के बन-जंगलों में भटकता हुआ मारा-मारा फिरता है।

यही भटकन काव्य/सर्जना रूपों का पर्याय है। बल्कि स्थानापन्न है। स्थानापन्न इसलिए कि अन्ततः जीवन जीवन ही होता है और कला आख़िर कला ही रहती है। दोनों को एक मान लेना ज़िन्दगी की बहुत बड़ी व्यावहारिक भूल होगी!

वाणी को अनभिधेय बनाए रखना दूर तक काव्य-सृष्टि का लक्षण है। काव्यत्व की एक पहचान यह भी है। इसी बिन्दु से कविता गद्य की भाषा से अलग होती है।—अर्थात् वाक् में अर्थ की प्रतिपत्ति की प्रार्थना!

वही-वही (चीज़ें...बातें...) क्यों समझ में नहीं आतीं जिन्हें हम खूब समझते हैं। कल भी नहीं समझते थे आज भी नहीं समझते हैं।...तब भी नहीं समझ में आती थीं...अब भी नहीं आतीं।—

—मगर फिर भी कोई है मुझमें (...हम में) जो ख़ूब समझता है...!

इस जिस्म के पास बेशुमार दौलत है साँसों की जिसे हम उम्र की सौग़ात और ज़िन्दगी की शक्ल में दिया हुआ कुदरत का अनमोल तोहफ़ा कहते हैं। मगर दिल...दिल की ये दुनिया उसकी दौलतों की वाहिद दौलत एक मुहब्बत पर ख़ुद को निसार करती है।—

हर साँस जो आती है इस साज़ के भीतर से, हर घड़ी किसी नई रागिनी की ख़ुशबू से मुअत्तर करती हुई गोया मुहब्बत का पैग़ाम हवाओं पर लिखकर चली जाती है।—नादीद हवाओं पर।

मुझे अगर कोई मुझसे ज़्यादा जानता है तो वह तू है...तू।—यानी मुझमें बसी तेरी ही 'तू' या तुझमें बसी मेरी ही 'मैं'...!

रंगों की भाषा अपेक्षाकृत अधिक खुली और विविध आसंग-प्रभार लिए हुए होती है। रंगों के सह-सम्बन्ध परस्पर बहुत उदारचेता होते हैं। किसी में कोई रंग

मिला दो, किसी के साथ कोई रंग का पैच लगा दो वो नाक-भौं नहीं सिकोड़ेंगे। एक को अपने पास देखकर तनेंगे नहीं...उनकी त्योरियाँ नहीं चढ़ेंगी। रंगों के अणुओं में अधिक नम्यता भाव है, लचीलापन है। प्रायः उनमें एक-दूसरे को सहेजने का, अपनाने का, स्पेस देने, एडजस्ट करने, निभाने का स्वभाव बहुत खुला हुआ होता है। शब्दों के परस्पर सम्बन्ध इतने बँधे हुए हैं अपनी सामाजिक व्यवस्था द्वारा निर्धारित बोली के प्रचलित रूप में और भाषा के व्याकरणिक कोटियों के रूप में भी कि उनमें स्वच्छन्दता कम है, रुढ़ि निर्वाह अधिक है। इस प्रकार भाषा एक दी हुई प्रतीक व्यवस्था के भीतर किसी तानाशाही रवैये और रूढ़ ढाँचे के भीतर रहते हुए कविता में अपने को किसी तरह (अपनी बात) कह पाती है। इस अर्थ में रंग ज़्यादा सामाजिक हैं। वे दूर तक स्वच्छन्द हैं। आचरण में सहभाव लिए और अपनी प्रकृति में मुक्त। अपनी भाषा-प्रकृति में एकदम आदिम, आरण्य प्रकृति की तरह सहज...व्याप्ति भाव लिए। अवधारणा-मूलकता के साँचे को तोड़ते हुए...सह-सम्बन्धों के नए मार्ग, नए द्वार, नए निशान खोजते हुए।

शे’र की ताक़त तो शेर जैसी ही होती है। किस ख़ूबसूरती से इतनी बड़ी बात को महज़ एक शेर के दो मिसरों में कह गया शायर। शेर देखिए–

बाग़बाँ ने आग दी जब आशियाने को मेरे
जिन पे तकिया था वही पत्ते हवा देने लगे

क्या कह गया कमबख़्त! वाह...क्या ख़ूब है!!

कैसा ढलके निकला है शेर, गोया आबुर्दगी का शेर हो...तग़ज़्ज़ुल का रंग लिए हुए।

कथ्य संरचना की डोर कुछ इस ढब से और इस तरह पकड़ी है कि शेर में अव्यक्त व्यापार की पार्श्वभूमि का घटित क्रम आप से आप खुलता चला जाता है। मफ़हूम को कैसे बाँधा है। –कि कथ्य की पृष्ठभूमि में परिस्थिति के बदल जाने से पत्तों के किरदार से शायर ने किस बड़ी सच्चाई की ओर संकेत किया है। और वह भी एक विडम्बना बोध के साथ। विडम्बना यह जो पत्ते एक समय में आशियाने (घर) का सम्बल-सहारा या आधारभूत शक्ति थे अब प्रतिकूल परिस्थिति में वही पत्ते हवा बनकर आग को और भड़का रहे हैं। ‘वही पत्ते’ के

हुस्न का जवाब नहीं। उस पर इस ('वही पत्ते') की सुन्दरता में 'हवा देना' जैसा मुहाविरा चार चाँद लगा गया। और फिर उस पर भी 'देने लगे' में लगे में अकर्मक क्रिया में भाव, अतीत से होता आ रहा प्रवाहित मनोभाव का सातत्य बिम्बात्मक त्वरा के साथ कैसे उमड़ा-सा पड़ता है–उसने तो बस ग़ज़ब ही ढा दिया।

मफ़हूम देखो...मामलाबन्दी देखो, बात जो कही गई है, बात का मर्म देखो...शब्दों का संगठन, लय का सहज प्रवाह देखो, ज़बानो-बयान का अन्दाज़ देखो, अदा देखो, ज़बानो-साख़्त और इस पर सहल बयानी की ख़ूबी देखो...कोई क्या- क्या देखे! त्रिलोचन जी की बात याद आती है–'कसे कसाये भाव अनूठे...'

वाह साक़िब (लखनवी), वाह!

एक झगड़ा प्रकृति और संस्कृति का है, यानी किसे प्राकृतिक माना जाए और किसे सांस्कृतिक। यह देह प्रकृति प्रदत्त है। इसमें घटित हर क्रिया-व्यापार उस देह के कारण ही है और वह देह में देह के साथ ही आया है (यद्यपि हम बहुत कुछ यहाँ आकर अर्जित भी करते हैं लेकिन उस अर्जन की कारक शक्ति उसी देह से विद्यमान रहती है अपने मूल या आदि रूप में) वाक्, भाषा, विचार, कला अर्थात् समस्त कर्म इसी प्रदत्त देह से ही जन्मे हैं। तब तो एक अर्थ में हम अपने आदि रूप में प्राकृतिक यानी प्रकृति प्रदत्त ही हुए, और; सांस्कृतिक कम। संस्कृति तो अर्जित है। यूँ सांस्कृतिक होने के बाद तो हम अपने को और भी ज़्यादा उसी प्रकृति को सौंपते हैं। ग़ालिब जैसा अनापसन्द शायर कहता है–

जान दी, दी हुई उसी की थी
हक़ तो ये है कि हक़ अदा न हुआ

यह अर्जित करने का गुमान वस्तुतः कुछ-कुछ अस्तित्व की छलना है। दरअस्ल यह हस्ती के फ़रेब में आने जैसा ही है। ग़ालिब ने तो कहा ही है, और दो टूक शब्दों में कहा है–

हस्ती के मत फ़रेब में आ जाइयो, असद
आलम तमाम हल्क़ए-दामे-ख़याल है।

और कथन की विडम्बना या शक्ति इसमें है कि वह उपदेशक बनकर किसी और को नहीं बल्कि ख़ुद से और ख़ुद को आगाह करते हुए कह रहा है। उपदेश के रूप में तो साधु-सन्तों की बानी में ख़ूब कहा जा चुका है। और तो और मीर भी कुछ-कुछ वक्तव्य जैसी शैली ही, में 'हस्ती अपनी हबाब की सी है/ये नुमाइश

सराब की सी है' कह गए हैं। यद्यपि प्रतिपाद्य की दृष्टि से तुलना या समानता दिखाना मेरा मक़सद नहीं। वाक्, शब्द, बोली-भाषा, लय, कविता, कला सब कुछ उसका, उसी का दिया हुआ। सब कुछ उस पर छोड़ दो अच्छा-बुरा जैसा भी, जो कुछ भी। बस अपने पर और अपने काम से ध्यान लगाओ जितना बन पड़े। यूँ तो इस कर्म पर भी अपना बस क्या!–

अपना बस क्या, जीवन है दुनिया का सपना,
जब तक आँखों में है तब तक ज्योति बना है
अलग हुआ तो आँसू है या तिमिर घना है।
बने ठीकरा तो भी मिट्टी को है तपना।

–त्रिलोचन : दिगन्त, पृ. 12

शायद ही कोई क्षेत्र हो जिसमें व्यक्ति जीतने की आकाँक्षा न रखता हो किन्तु प्रेम ही ऐसा है जहाँ मनुष्य अपने को भी हारना चाहता है। बल्कि कहूँ कि हारने के लिए तरसता है। सच्चा मनुष्यत्व और उससे भी एक क़दम आगे बढ़कर कहूँ तो सच्चा सेवकत्व (सेवा-भाव, सेवकाई) प्रेम में ही मिलता है। प्रेम में अहं गलता है और स्व लुटता है, ख़ुद-ब-ख़ुद–यही वह प्रेम है जिसमें मनुष्य भक्त हो उठता है। यही वह प्रेम है जिसमें स्व का प्रसरण होते ही समस्त संसार उसकी अपनी बाँहों में सिमट आता है। वह क्या शेर है 'जिगर' का...पूरा शेर तो छोड़ो एक ही मिसरे में प्रेम जैसे नाज़ुक और व्यापक विषय को ऐसे बाँध दिया...बात को कुछ इस ढब से छुआ है कि बस सीधे दिल में, जिगर में उतरती चली जाती है–

'सिमटे तो दिले-आशिक़ फैले तो ज़माना है'

अब पहला मिसरा भी सुन ही लीजिए। कोई बात नहीं, सुने हुए को सुन लीजिए। अच्छी शायरी का यही तो गुण है कि हर बार नया स्वाद देती है–

'इक लफ़्ज़े–मुहब्बत का अदना ये फ़साना है'

अब सोचो, 'मुहब्बत' को अदना फ़साना बताता है शायर!

एक तरफ़ अदना और दूसरी तरफ़ फ़साना भी। क्या ख़ूब जिद्दत है। और जिद्दत इसीलिए तो है कि दोनों में एक तज़ाद है। विलोम का आकर्षण तो स्वयं सिद्ध है। हर शय में है।

प्रेम, जिसके स्वरूप को लोग बताते-बताते हार गए उसको परिभाषित करते-करते थक गए; उसको कैसे एक ही मिसरे में और एक अनोखे अन्दाज़ से

और हाँ एक अजब ऊँचाई देते हुए कैसे यूँ चुटकी में खोल दिया। अपरिभाषित और अव्याख्येय को कैसा व्यक्त कर दिखाया! इस व्यक्त की चुटकी खोलने में शायर ने जीवन भर कितनी तपस्या की होगी...क्या-क्या दुख-दर्द नहीं झेला होगा। —कल्पना तक नहीं कर सकते उसके सहने की। तब जाकर कहीं मिसरे की ये एक फूल की पत्ती खिली होगी!

वाह जिगर साहब! तुम्हें और तुम जैसों को—सब को सलाम!

हिन्दी-उर्दू दोनों; एक ख़ानदान की ही समझो। समझो क्या? हैं ही दोनों एक ख़ानदान की।

ख़ानदान तो दोनों का एक ही है। लेकिन जहाँ तक उनके स्वभाव का सवाल है अर्थात् भाषा(-गत) स्वभाव की बात है तो भाषा स्वभाव की दृष्टि से दोनों भिन्न हैं...ज़रा अलग हैं, एक नहीं—दोनों का अन्दाज़ अपना है, अनूठा है। भाषा (दोनों भाषा) अलग नही हैं...फ़क़त भाषा का स्वभाव अलग है : एक का मिज़ाज और तबीअत कुछ दुनियावी रंगत लिये हुए ज़्यादा है...उसके लिबास में कुछ नफ़ासत पसन्दी और शोख़ अदाओं से दिल में उतरनेवाली मदहोशी कुछ इस क़दर है कि चेतना को सुला दे, हिस्सो-हरकत को भुला दे। और दूसरी में जैसे चेतना के समुद्र-तल में बहती प्रशान्त लहरें...मानस के आकाश में उड़ती दिव्य छायाएँ, अर्थ-छटाओं की सूक्ष्म ध्वनि-तरंगों को...रूप-छटाओं के प्रकाश-पुंजों को छूने की ललक—एक अन्तरतम में निर्धूम ज्वाला की पावन लौ की दीप्ति का बोध लिये अपने भीतर!

तो; भाषा अलग नहीं है, महज़ भाषा का स्वभाव अलग है और इतना कि—अच्छे-अच्छों को देखा है—दोनों को दो अलग मान बैठते हैं। यह ग़लती नहीं दरअस्ल यह भूल है। (इस भूल की पृष्ठभूमि सामाजिक-राजनीतिक और ऐतिहासिक है) भूलवश ऐसा आग्रह (—या कि दुराग्रह!) कर बैठते हैं कुछ लोग।...ज्ञानी लोग!

किताब का दीबाचा कुछ-कुछ यूँ समझो जैसे अनदेखे संसार का द्वार...प्रवेश द्वार। इस रूपक को और आगे बढ़ाएँ तो यह भी कहा जा सकता है—अभेद्य गुफ़ा का प्रवेश द्वार।

...और किताब का दीबाचा कभी ऐसा भी हो सकता है गोया पेशानी को पढ़कर कोई नजूमी पेशीनगोई का ख़ाका पेश कर रहा हो।

स्मृतियाँ चाटकर वर्तमान की प्यास बुझा रहा हूँ
स्मृतियों की जूठन ही अब हो चला जीवन।

सौन्दर्य और कुछ नहीं रागजन्य दृष्टि (-जीवन दृष्टि) का विस्तार ही तो है! और विस्तार भी कैसा—अनूठा...अपूर्व प्रेम के प्रकाश का प्रसार है जिसमें अपार-पार! —और कला उसी सौन्दर्य का अवतार...आत्मा की आवाज़!

कवि हृदय का वक़ील होता है। उसकी वक़ालत तर्क की झूठी बैसाखियों के सहारे नहीं वरन् सच्चे मनुष्यत्व की नैतिकता और निष्ठा की अदृश्य बहनेवाली अन्तःसलिला पर चलती है जिसके होंठों पर सदा इनसानपरस्ती का राग फूटता रहता है।

कवि का तो झूठ भी काम आता है कल्पना बनकर। इसलिए कवि का झूठ-झूठ थोड़े ही होता है। वह तो उस झूठ के सहारे एक नया चित्र एक नया बिम्ब और एक नई दुनिया का सम्भवन हमारे सम्मुख ला खड़ा करता है। इस तरह वह एक नई दुनिया का ख़ाका पेश करता है जिसमें किसी लाचार-मज़लूम की आँख से गिरा हुआ आँसू सहसा फूल बन जाने की हिकमत रखता है...जिसमें किसी अदृश्य होंठ से निकला हुआ मंत्र समाज की समस्त कलुषता को बहा ले जाए और किसी फ़क़ीर की सदा दुआ बन जाए...लहरों से बहुत मुमकिन है लय फूटने लगे और समुद्र के सीने से एक विराट आह जो धरती की सिहरन बनकर ममता का राग बन जड़-चेतन में स्पन्दन भर दे...कहीं से शब्द का अन्तर्निहित प्रकाश इस तरह अवतरित हो कि घर-भर में उजाला हो जाए—आत्मा के इस उजाले और उससे फैली धरती पर उज्ज्वलता का दूसरा नाम ही तो कवि है।

कभी-कभी 'अच्छी कविता' और 'नहीं अच्छी' या 'कम अच्छी कविता' में इतना ही फ़र्क़ होता है कि अच्छी कविता बहुत छोटे में ही अर्थ का बहुत बड़ा प्रकाश भर देती है, उसमें सार-सूत्र इस तरह व्यंजित और प्रकाशित होकर खिल उठते हैं कि जैसे सृष्टि का कोई अनचीन्हा रहस्य छू लिया हो जबकि 'नहीं अच्छी' या कम अच्छी कविता देखने में बहुत बड़ी होने पर भी, शब्दों की दृष्टि से बहुत ख़र्चीली होने पर भी कही हुई किसी बात को महज़ शब्दों के ख़र्चीले भड़काऊ लिबास के खोल में कौतुक भर होकर रह जाती है। अच्छी कविता बहुत बार सार-सूत्र में जीवन का स्पन्दन भर देती है। जैसे सृष्टि के आईने से रहस्य की धूल एकाएक झरकर जीवन का चेहरा दमक उठा हो; किसी महातेजो पुंज की तरह।

इस तरह कविता महज़ कल्पना की अठखेली भर नहीं है न ही शब्द-विलास। वह तो उल्लास का पराग है और वेदना का प्रकाश-पुष्प।

बड़ा कवि वह भी होता है जिसमें आने वाले समय के कई कवि समाए रहते हैं। उसकी कविता में कई कवि बोलते हैं अपनी बोली। अपना समय तो बोलता ही है बल्कि उसकी कविताओं में आने वाला ज़माना आने वाला वक़्त भी जेठ की दुपहरी में भाँय-भाँय सन्नाटे सा बोलता है। बड़े कवि की कविताएँ अपने समय को सोख लेती हैं। अधूरेपन की मुकम्मल तसवीर भी ये कविताएँ एक सम्पूर्णता के साथ दिखाती हैं।

कवि; सारी दुनिया-जहान का दुभाषिया बनने चला था। एक उम्र गँवाने के बाद उसे पता चला असल में तो वह अपना और अपने सब कुछ का भी ठीक ढंग से दुभाषिया नहीं बन सका। कितना दम्भ था अपने कवि होने पर...अपने शब्दों पर, और तो और अपनी ग़ुरूर भरी चुप्पी पर।...उहँ...!

मिथक : जातीय स्मृतियों एवं प्राक्कल्पनाओं का एलबम।

मिथक : संस्कृति एवं काल की रचनात्मक व्याज स्तुति।

मिथक : काल की गोद में समाहित सम्पुंजित परम्परा, इतिहास और संस्कृति का जीवाश्म (फॉसिल)।

मुझे लगता है अन्तर्राष्ट्रीय पूँजीवाद के घुटने अगर तोड़ दिए जाएँ तो आतंकवादी तोप धुआँ उगलना बन्द कर देंगी। कभी-कभी लगता है कि अन्तर्राष्ट्रीय पूँजीवाद और सैन्य (पुलिस बल आदि भी) बल के जितने भी चेहरे हैं (उनमें एक चेहरा आतंकवाद का भी है) उन्होंने सत्ता का उपभोग करने के लिए एक गठजोड़ किया हुआ है और ब्यूरोक्रेसी इस गठजोड़ का तीसरा ऐसा पाया है जो उनके हाथों में शोषण तंत्र को मज़बूत करने और रणनीतियों का क्रियान्वयन करने में एक मेज़र इंस्ट्रूमेंट की भूमिका अदा करता है। इस पूरे खेल में दो शक्तियाँ और हैं जो इस में प्रत्यक्षतः शामिल तो नहीं हैं लेकिन 'तटस्थता' के नाम पर जो प्रायः बौद्धिक वर्ग में होता है उसमें भी इनका सहयोग कम नहीं है। ये दो शक्तियाँ हैं–न्यायपालिका और प्रेस (मीडिया बल)।

आम आदमी–किसान, मज़दूर, नौकरी पेशा वर्ग, कामगार, दस्तकार वगैरह–पूँजीवाद के ताँगे में जुते हुए घोड़े के समान है। कैसी विडम्बना है कि पूँजीवाद का विरोधी वर्ग ही पूँजीवाद के रथ को खींच रहा है। और यह वह वक़्त है, दुर्भाग्य से, कि पूँजीवाद के हाथ में आतंकवाद का चाबुक भी है। यह चाबुक 'आम आदमी' के खिलौने में चाबी भरने के लिए काफ़ी है। इसके लगते ही आम आदमी अपना दुख तो भूल जाता है उल्टे पूँजीवाद की सवारियों को उनकी मंज़िल तक पहुँचाने में सीधे मुँह अपने आप और पहले से भी तेज़ गति से पहुँचाने में लग जाता है।

चाबुक मारनेवाला पूँजीवादी व्यवस्था का बिखरा हुआ फ़क़त एक चेहराविहीन व्यवस्था का चेहरा है जिसका बुनियादी चरित्र किसी दलाल से कमतर नहीं है। ऊपर से उसे लोकशाही तंत्र का एक श्वेत-धवल मज़बूत छाते का कवच मिला

हुआ है–'जनता का सेवक हूँ' 'सच्चाई के नाम पर', जो किसी भी आपदा के समय स्वचालित ढंग से उसकी सुरक्षा करने में जुट जाता है।

अब सवाल यह है कि घोड़े की जान कैसे बचे? चाबुक कौन हाथ से छीनेगा? चाबुक मारने वाले हाथों को कौन शक्तिहीन या निहत्था करेगा? या फिर आतंकवाद के रथ (ताँगे) के पहियों को ही तोड़कर तहस-नहस करके इतिहास का रुख मोड़ दिया जाए। लेकिन इनमें से कुछ भी इतना आसान तो नहीं है जब तक कि घोड़े की जिजीविषा इतनी प्रबल न हो उठे कि वह अदम्य साहस दिखला कर पूरे तंत्र से एक विद्रोह की विषम ज्वाल न उगलने लगे। इस विषम ज्वाल के [illegible] योजनाबद्ध ढंग से आम आदमी के संगठन, बल, निष्ठा और आस्था के साथ उस समुचित और सम्यक् स्वाधीनता में होगा जो मनुष्यता के विकास में बाधक न होकर साधक हो।

पूँजीवाद महत्त्वाकाँक्षाओं का दैत्य है। वह सुरसा के मुँह की तरह अपने भीतर सब कुछ लील लेना चाहता है। ज़ाहिर है कि अन्तर्राष्ट्रीय पूँजीवाद महत्त्वाकाँक्षा से निर्मित एक ऐसी देह है जो लाभ-लोभ और ऋण बैंकों की भयंकर भीतों पर टिकी हुई एक सोची-समझी आर्थिक संरचना है। लेकिन हम जानते ही हैं कि हर व्यवस्था चाहे वह कितनी ही चाक-चौबन्द क्यों न हो उसमें भी प्रकृत क्षरण और ध्वंस के तत्त्व मौजूद रहते ही हैं। लेकिन वह तो भगवान के भरोसे जीना हुआ न, हाथ पर हाथ धरे हुए। और फिर 'कौन जीता है तेरी ज़ुल्फ़ के सर होने तक'।

विखंडन ने पार्थक्य को बढ़ावा दिया या कि केन्द्रीयता ने समग्रता के नाम पर जिन उपेक्षितों पर परदा डाला हुआ था, विखंडन ने पाठ के माध्यम से उस परदे को हटाकर दमित, वंचित और दबे-कुचलों की असलियत उघाड़ दी। यहाँ तक यह एक सकारात्मक सोच का परिणाम है। लेकिन जहाँ तक राजनीति और भारतीय राजनीति का प्रश्न है उसने पीड़ित, शोषित, वंचित और उपेक्षित आदि के रूप में अस्मिता जागरण के नाम पर सत्ता पर वर्चस्व बनाए रखने और क़ाबिज़ रहने के लिए एक राजनीतिक अस्त्र के रूप में उसका उपयोग किया और कर रही है। विमर्श इन दिनों शक्ति, वर्चस्व और इससे भी दो क़दम आगे जाकर आतंक और बर्बरता की गूँज से मुक्त नहीं है। अस्मिता विमर्श के नाम पर जाति, सम्प्रदाय, धर्म, क्षेत्र से भी आगे लैंगिक आधार पर राजनीतिक

सशक्तिकरण हो रहा है। दलित और स्त्री के नाम पर जो विमर्श का दौर चल रहा है संगठित दलीय राजनीति के सन्दर्भ में वह सोने की डली का दिखावा भर है और भविष्य में आख़िरकार मखमल में लपेटकर जूती मारने जैसा ही साबित होगा (यद्यपि इसका अर्थ यह नहीं कि ये विमर्श बेमानी हैं और इनसे कुछ हासिल नहीं होगा। लेकिन मैं यहाँ राजनीतिक परिप्रेक्ष्य की बात कर रहा हूँ और भारतीय राजनेताओं की मंशा पर उँगली उठा रहा हूँ जिससे आगाह रहने की ज़रूरत है)—सब्ज़ बाग़ दिखाने से ज़्यादा कुछ नहीं है। कुछ ही दिनों में यह नौबत आ जाएगी (और बहुत कुछ आ गई है) कि हम तो खट्टी छाछ से भी गए। (यानी दूबे बनकर लौटने वाली बात) स्त्री-विमर्श का हाल यह है कि पति-पत्नी और बच्चों की जो पारिवारिक इकाई थी (सास-ससुर आदि तो पहले ही छूट चुके हैं) वह स्त्री-विमर्श और अस्मिता के चलते भंग होती नज़र आ रही है। स्त्री-विमर्श काफ़ी दूर तक अपने सरलीकृत रूप में रसोई से मुक्ति का विमर्श बनता जा रहा है। रसोई से नजात मिलने का सीधा मतलब है कि दिन-रात के भोजनादि की व्यवस्था के लिए आप ख़ुद-ब-ख़ुद बाज़ार की झोली में जा पड़ेंगे।

अब चूल्हे-चौके की बात करना स्त्रियों को घर अथवा रसोई में पुरुषों द्वारा उलझाने का एक षड्यंत्र माना जा रहा है। वे रसोई अथवा घर के लिए नहीं बनी हैं। एक हद तक बात सही भी है रसोई का, बच्चों का या घर का सारा ठेका औरतों ने ही थोड़े ले रखा है। अब जब दोनों दफ़्तर आदि में काम करनेवाले हैं तो यह बहुत स्वाभाविक है कि घर कौन सँभालेगा, बच्चों को कौन देखेगा या फिर रसोईघर में कौन जाएगा। देश-काल परिदृश्य बदलने से भूमिकाएँ भी बदल गई हैं। सवाल यह है कि आख़िर घर और परिवार की इकाई के लिए परम्परा और समाज द्वारा जो गढ़ी गई औरत थी अब उसका स्थानापन्न क्या होगा। परिवार नाम की इकाई और घर (हम कहीं भी हों और किसी हाल में भी क्यों न हों आखिरकार लौटते घर पर ही हैं) जिसमें हम बार-बार लौटते हैं उसे कौन सँभालेगा, वह कैसे बचेगा।

पुरुष को पहल करके स्त्री की बदली हुई परिस्थितियों को समझकर स्त्री की समस्याओं और उसकी आकांक्षा एवं ज़रूरतों को पूरा करना होगा। अपने भीतर की मर्दवादी रुढ़ियों को त्यागकर सच्चे साथी के रूप में स्त्री का हाथ थामना होगा वग़रना न जाने कितने घर टूट जाएँगे; इस विमर्श की ग़लत समझ के कारण। कितने पति-पत्नी, स्त्री-पुरुष में बदल गए...न जाने कितने और बदलेंगे।

इधर आजकल अक्सर औरतें (और आदमी भी तो) अपनी बातचीत में जब घर का और घर में भी जब रसोई घर का ज़िक्र करती हैं तो प्रायः घर में काम करनेवाली उस औरत का ज़िक्र आ ही जाता है, और अनिवार आ जाता है, जो आपके दिन भर या रात देर तक के किए-धरे को समेटती है, सहेजती है और फिर जहाँ तक हो सँवारती है। यूँ हम सभ्य समाजवाले इन औरतों को (कामगार औरतों को!) कई नामों से बुलाते-पुकारते हैं। मगर इसी औरत के लिए आजकल औरतें (यानी मालकिन) यह कहती सुनी जाती हैं–"...फलाँ हमारे घर में बर्तन करने आती है।" यह (वाक्य) सुनकर मैं सोच में पड़ गया हूँ। अक्सर सोचता रह गया हूँ–कि आख़िर यह बर्तन करना क्या चीज़ है। बर्तन माँजना तो सुना था। बर्तन धोना और साफ़ करना भी सुना था बर्तन करना इस नए उभरते समाज या वर्ग की नई भाषिक पैदावार है। हर समाज को, हर वर्ग को अपनी ज़रूरत के मुताबिक़ नए मुहावरे गढ़ने-रचने का पूरा हक़ है। पर फिर भी मैं सोचता रहा कि बर्तन के साथ बहुत से क्रिया-रूपों का व्यवहार सुनता आया था–बर्तन धोना, बासन या बर्तन माँजना, बासन घिसना, बर्तन चमकाना, बर्तनों पर कलई करना और-तो-और बर्तन चाटना और बर्तन सूँघना जैसे मुहावरेवत प्रयोग भी सुनने में आए हैं। लेकिन यह 'बर्तन करना'–यह क्या हुआ? अक्सर सोचता रह गया हूँ कि ये आख़िर 'बर्तन करना' क्या चीज़ है। 'बर्तन माँजने' आती है क्यों नहीं कहा जाता' क्या माँजना क्रिया से किसी गर्हित या फिर किसी नीच काम की बू आती है। या कि उस माँजनेवाली के द्वारा किए गए काम को हम ही उस हीन दृष्टि से देखते हैं जो हमारे सभ्य? नहीं आरोपित अभिजात मानसिकता में ओछा या छोटा या नीचा (काम) समझा जाता है। इसलिए हम 'माँजने' या 'साफ़ करने' या 'धोने' के बजाय 'करना' क्रिया का इस्तेमाल करके खुल्लमखुल्ला बात करते समय सबके बीच सार्वजनिक रूप से उसे, उसके व्यक्तित्त्व या समाज में उसके 'स्टेटस ' को भाषा के इस छल से (कुछ देर के लिए और कुछ लोगों की निगाह में यद्यपि वह भी अपने आपको और अन्य को दिया गया धोखा ही है) कुछ... ज़रा-सा उठा लेते हैं। लेकिन मुझे लगता है यह 'माँजना' क्रिया को छिपाकर हम अच्छा नहीं करते। और फिर यह छिपाना केवल भाषा तक ही सीमित नहीं है। भाषा मानस का, मानसिकता और अन्ततः हमारे अन्तस् का आईना भी तो है। इस क्रिया को छिपाने में मुझे अपने उस जातीय स्वभाव और उस जातीय चरित्र

की बू ज़्यादा आती है जो चीज़ों को छिपाता आया है। और वह भी सामाजिकता व शिष्टाचार के छद्म खोल के भीतर, और इस सबके नाम पर। स्पष्टवादिता हमारे दिलो-दिमाग़ में आख़िर क्यों नहीं है। जो सोचते हैं आख़िर उसे हमने साफ़-साफ़ कहना क्यों नहीं सीखा। ओढ़ी हुई विनम्रता से हम ज़्यातर चीज़ों को और आपसी सम्बन्धों को उलझाते आए हैं। बेलाग होकर चीज़ों से जुड़ना और दो टूक शब्दों में उन्हें रखने की आदत हम कब अपनाएँगे।—और इसी ढंग से दूसरों का सुनना-कहना भी हम अपनाएँगे; मगर कब!

आलाप :

आलाप; सबसे पहले तो शब्द रहित है। उसमें 'बोल' (रचना के) नहीं होते। अर्थात् शब्द-रचना की उसे दरकार नहीं। आलाप की मूल प्रतिज्ञा राग के भीतर (राग-परिधि) रहकर ही स्वरों के नए-नए बनाव, विन्यास एवं नई उपज लेकर राग के स्वरूप की बढ़त करते हुए भाव-विस्तार की नई सरणियाँ खोजना है। स्वरों के अनुत्क्रामी रूप से यत्किंचित् विस्तार देते हुए नई राहों का अन्वेषण और नए आयाम देते हुए राग को अपने मूल में वही बनाए रखकर भी उसके स्वरूप को अधिकाधिक और चारुता के साथ पुष्ट करना ही आलाप है। यूँ समझिए कि आलाप राग का अलमिया है...आईना है जिसमें समस्त राग की छाया का पूर्वाभास बना रहता है—वह जितना इन छायाओं का पूर्वाभास, नए आयाम उद्घाटित करनेवाला होगा, नई उपजवाला होगा राग का स्वरूप उतना ही नया-नया होकर निखरता जाएगा।

आलाप के बिना राग नहीं बनता। तो क्या आलाप राग का जनक है।...आलाप से राग बनता है या राग की उत्पत्ति को ध्यान में रखते हुए आलाप राग से निसृत है। राग आदि है कि आलाप। राग से आलाप निकला है या आलाप से राग...?

कौन किससे (उद्भूत) है—अभी कुछ कहने की स्थिति में नहीं हूँ। बहुत सम्भव है यह सर्जन-व्यापार की प्रक्रिया में सहजात, परस्पराविद्ध हों, कौन कह सकता है!

हाँ; तो मैं कह रहा था कि आलाप को 'बोलों की' (शब्द-रचना) दरकार नहीं। यह कहना कहाँ तक उचित होगा मैं नहीं जानता पर मुझे लगता है आलाप अपने परोक्ष रूप में राग की संरचना में आद्यन्त समाया रहता है। "...सही बात यह है

कि राग के नाम पर किया गया जितना भी गाना-बजाना होता है उसमें आलाप का अंश धुरा पर रहता है। राग के निभाव का रास्ता ही आलाप है।" (संगीत और चिन्तन : मुकन्द लाठ, पृ.16)।

तो क्या आलाप को राग का स्रोत माना जा सकता है? आलाप मानो स्रोत है, राग का प्रवाह जहाँ से उमड़ रहा है और उसका पोषण सुर और ताल नदी के दोनों किनारे मिलकर कर रहे हों!

आलाप से भाव उभरता है, भाव में दीप्ति आती है–भाव की परिधि और उसकी व्याप्ति आलाप में घिर-घिर आती है। आलाप से राग का मूल, उद्‌गम, सोता विकसता है। आलाप की लौ से राग रौशन होता है।

राग भी एक प्रकार से आलाप का विकार ही है। या कहें कि रचना-सर्जना के अनिवार्य पक्ष विकार और विखंडन हैं इसी अर्थ में आलाप की विकृति का मार्ग राग रूप में प्रशस्त हुआ। (सन्दर्भ के लिए देखें मुकन्द लाठ की पुस्तक 'संगीत और चिन्तन', पृ. 29)।

आलाप राग का आदि है, आरम्भ है। आलाप राग का निर्वहण है, निभाव है। आलाप अपने निभाव के विशिष्ट चलन को (सुरक्षित) बनाए रहकर ही रागदारी का रूप लेते-लेते राग की गोद में समाता जाता है।

दुनिया का कोई भी काम हो उसे कहीं से तो शुरू करना ही होता है–हवाई जहाज़ जैसी आकाश में उड़नेवाली चीज़ को भी आख़िर धरती पर पहले बहुत दूर तक रेंगना ही पड़ता है तभी वह बादलों की दुनिया के पार को छू पाता है। स्वर-समुद्र में राग-रत्न को पाने के लिए वैसे ही सम्भवतः आलाप अनिबद्ध आलाप (बिना तबले की संगत वाला आलाप) से आलाप की बढ़त से, कल्पना की पाँखों से, स्वर-विन्यास की अठखेलियों से उस लोक का स्वरूप रचता जाता है जिसमें समस्त द्वैत मिटकर लोकोत्तर आनन्द की सृष्टि करते हैं।

लय भी अद्‌भुत तत्त्व है...सर्वत्र व्याप्त है। हर वस्तु, लय से मंडित है। लय जैसे कि आन्तरिक तन्तुओं से बुनी गई कोई अदृश्य आत्मा रूप में व्याप्त और हर देश-काल में विद्यमान अस्तित्त्वपरकता लिए हुए अपनी मुखरता में मौन सत्ता।

संघर्ष और निर्माणकारी शक्तियों का योग सृजनशील होता है। लय सृष्टि के सृजन मात्र में ही नहीं होती उसे संहार में भी देख सकते हैं। बल्कि एक तरह से संहार में तो वह और भी विचित्र रूपा हो जाती।

लय कहाँ नहीं है—दुनिया की हर चीज़ में, दुनिया की हर शै में बनी रहती है। सृष्टि के कण-कण में वह व्याप्त है। निहित है। चलने-फिरने में, उठने-बैठने में, खेलने-कूदने में, गिरने में-झरने में-बरसने में, खाने में-पीने में, उड़ने में, तैरने में, डूबने में, रोने में, गाने में, हँसने में, बिलखने में और तो और नकार में, स्वीकार में, प्रतिकार में विकार में।—लगता है विकार में ही लय का प्रछन्न मूल है। विकार और विपथन अपने गर्भ में नूतन का पोषक है। वह नए की ख़ूराक है।

लय; गति के बिना सम्भव नहीं है। जहाँ गति है वहाँ लय का होना अवश्यम्भावी है। फिर उस लय का स्वरूप कोई भी हो। वस्तुतः लय गति से उद्भूत और गतियों से आबद्ध रूप है।

लय के आश्रय में ही सम्पूर्ण सृष्टि नाचती है।

यह बात अपनी जगह है कि लय गति से उत्पन्न है और गति बिना लय की कोई गति नहीं है। फिर भी देखने की बात है कि शायद, मेरा ख़याल है कि लय गतियों के स्वभाव को अपने स्वभाव में ढालकर उसे अपने जैसा बनाकर तदाकार बना लेती है। मन्द्र, मध्य और द्रुत अथवा विलम्बित जैसे लय-रूपों में गति जैसे लय में विलीन हो स्वयमेव ही लय-रूपा हो जाती है। यूँ तो गति ही सब कुछ है वही आद्यरूपा शक्ति है। लेकिन लय में ऐसा चमत्कार है और सायुज्यता की ऐसी क्षमता है कि निर्वेश और निर्वैर भाव-शक्ति से गति ही को भोगती हुई अपना जादू जगाती है। वस्तुतः लय का नियमन तो गति ही करती है। यह अलग बात है कि यह गति अनेकानेक भावों-मनोभावों आदि से युक्त है।

वस्तुतः लय अपने सम्पन्न और चरम उत्कर्षकारी रूप में गतियों का सर्जनात्मक भोग करती है। कारक-शक्ति न होते हुए भी वह भोग-शक्ति है।

तलत की आवाज़ में लरज़ती हुई तन्हाई है—काँपती हुई बुझती छाया गोया काँपती-थिरती लौ की तरह। लेकिन विरक्ति नहीं है उनके स्वर में...आसक्ति में डूबा हुआ नहीं मगर फिर भी आसक्ति के छोर से बँधे, उसी में ही समाए निरासक्ति की छायाओं को छूकर आनेवाले सम्मोहन की विस्मृतियों को जगानेवाला स्वर...कैसा अजब है वह स्वर...।

रफ़ी की आवाज़ में वह निरालापन नहीं है। उनकी आवाज़ में अपेक्षाकृत किसी भी गायक की तुलना में एक हिन्दोस्तानी...औसत हिन्दोस्तानी की

अक्कासी दिखाई पड़ती है। उनमें तलत वाला स्वर-स्वभाव का वैचित्र्य, वैशिष्ट्य और हाँ; निरालापन कहाँ! हाँ; मगर रफ़ी की आवाज़ में सोज़ है...शहनाई है। झिलमिलाती शमा का-सा उजाला है...। कभी छलकते हुए जाम की-सी शोखी भी जो बज़्म की हर चीज़ को परवाना बना देने की दीवानगी रखती है। मगर कहीं-कहीं उनके स्वरों में बनाव ज़्यादा उभरता हुआ झलक पड़ता है। कभी उनके स्वरों में अभिनय का सिंगार भी ज़ोर मार जाता है—वहाँ, वे कृत्रिम जान पड़ते हैं। सुर का प्रकृत और सहज अनायास लग जानेवाला आनन्द फ़ीका पड़ जाता है। आयासजन्यता उनके गायक-व्यक्तित्त्व में ओढ़े हुए सुर की तरह है जिसकी छाया बहुत दूर तक साथ नहीं देती। उल्टे कभी-कभी उनके अच्छे-ख़ासे वज़नी व्यक्तित्त्व में अवरोध ही उत्पन्न कर जाती है।

फिर भी उनकी आवाज़ औसत हिन्दोस्तानी के जवाँ दिलों और उनके जज़्बात की बख़ूबी तर्जुमानी करती है। उनकी आवाज़ में सन् 50-55 से लेकर सन् 70 तक (क़रीब दो-ढाई दशक) का हिन्दोस्तान गाता है।

तलत की आवाज़ में दरअस्ल एक मलाल और मायूसी का रंग भी है जिसका तअल्लुक आज़ादी के दौर के बेबस हालात से होता हुआ आज़ादी के बाद की स्वप्नशीलता की उस आकांक्षा से भी है जिसमें नौजवाँ दिल की उमंगें और हसरतों का दरिया और उसकी लहरें अपनी सामाजिक मर्यादाओं में ठाठे भी मारती हैं—इसी बिन्दु पर आकर तलत की आवाज़ में मज़लूम की बेबसी और मायूसी के साथ-साथ हसरतों और नई उमंगों की बेचैन करवटों के साथ रुमान के सपनों की छाया भी लहरों पर तैरती दिखाई देती है। और इस दुनिया का बहुत कुछ सम्बन्ध तत्कालीन नेहरू युग से होता हुआ राजकपूर के फिल्मी कैरियर के फ़लसफ़े तक यह सिलसिला मिल सा जाता है। ये और बात है कि राजकपूर के फ़िल्मी फ़लसफ़े की अक्कासी आवाज़ की दुनिया में तलत साहब ने नहीं जहाँ तक हो सका हुआ मुकेश, शैलेन्द्र- हसरत और शंकर-जयकिशन द्वारा ही मुमकिन हो सकी।

तलत की आवाज़ में उनके स्वरों में जवाँ रात की भड़कीली शोख़ियों का नश्शा नहीं है। उनके सुरों में भड़की हुई शोलों की जवाँ रात नहीं है। हाँ; मगर उनके यहाँ उदास और ग़मगीन शामें हैं...ग़मज़दा सवेरे हैं...आह से उपजा हुआ होंठों पर मचलने को बेक़रार नग़मा है...अपने दिल की तड़प लिये हुए बेचैन मगर उसी में सुकून को तलाशता हुआ-सा। कुछ-कुछ जैसे ज़माने के दर्द को अपने दिल में बसाकर ख़ुद मानो एक बेकसी की तसवीर जिसमें एक अजब वीरानगी की गूँज बची रह गई है। और कभी किसी नग़मे में तो उनकी आवाज़...इतनी

अकेली ऐसा सूनापन (तौबा-तौबा)–जैसे कोई खंडहर बोलता हो अपने में–कुछ इस तरह लगती है।...बहुत मुमकिन है महज़ ये मेरी ख़ामख़यालियाँ ही हों! लेकिन शाम की उदास परछाइयाँ और लहरों की ख़ामोशियों पर तैरता उनका अनमना स्वर एक क़िस्म की बेगानगी के चेहरे को रौशन करता हुआ, दिल की गहराइयों को सोखता हुआ अपने में कितना सच्चा और अनूठा और दिल पर नक़्श होता जाता है।

अगर हम जन्मना ही ऋणी हैं तब क्या मृत्यु मात्र ही से उऋण हुआ जा सकेगा। क्या मृत्यु ही उसका एकमात्र प्रतिकार है...।

कहीं ऐसा तो नहीं कि उऋण होने के लिए ही बार-बार हम यहाँ आते हैं...जीवन लेते हैं ('लेते हैं' तो ऐसा कह रहा हूँ जैसे वह मेरे हाथ ही में हो!) मेरा मतलब जीवन मिलता हो...जीवन धारण करते जाते हैं और उऋण होते जाते हैं। क्या यही है जीवन-मरण का चक्र। लेकिन अगर यह चक्र है तो इसकी प्रकृति में ही एक नैरन्तर्य है...एक सिरे से चलकर दूसरे सिरे तक पहुँचकर फिर से शुरू हो जाता है। यह एक अनवरत प्रक्रिया है–कहीं न ख़त्म होनेवाला सिलसिला। वस्तुतः चक्र में सिरा है ही कहाँ...वह तो छोरहीन है। सिरा तो हम खोजते हैं। यह सिरा खोजना, छोर को पाना–यही तो शायद जीवनेषणा है...।

जब चक्र ही है यह जीवन तब मुक्ति कहाँ है...! क्या मुक्ति का प्रश्न अपने आप में बेमानी नहीं हो उठता। फिर दार्शनिक, चिन्तक, सन्त, कवि सब किस मुक्ति की बात करते हैं? और अगर मुक्ति है भी तो किस से मुक्ति!–आख़िर अपने आप ही से न!

एकाएक सूझा कि पचास साल से ज़्यादा हो गए पर अभी तक जीवन की कुंजी नहीं मिली। फिर ख़ुद से कहा कि तुम भी कैसी बात करते हो यार! जीवन की कुंजी किसी को मिली है भला आज तक कभी। फिर मैंने अपने ही को जैसे समझाते हुए...सोचते हुए कहा–क्या जीवन ताला है जो उसकी कुंजी की तलाश है तुम्हें! अब यहाँ आकर इस जगह मैं ठिठक गया। इसी सोच में छिपे सवाल या विचार या कुछ भी, कह लो...समझ लो!

हाँ क़ैद तो है यह दुनिया अपने क़िस्म की। और क़ैद-दर-क़ैद है। यह दुनिया असल में एक पिंजरा ही तो है और यह देह भी।...इसे भी पिंजरा ही बताया गया है :

असीरे-ज़िस्म हूँ मीयादे-क़ैद लामालूम!
ये किस गुनाह की पादाश है, ख़ुदा मालूम!!

—शाद अज़ीमाबादी

और आत्मा (?) जीवात्मा इसी पिंज़रे में वास करती है यानी वह क़ैद है। तो हुई न दुनिया एक पिंजरा ही और पिंजरा भी कैसा जिसमें पिंजरे-दर-पिंजरे हैं। बचपन में रामलीला देखने जाता था। वहाँ हर साल एक सर्कस आता था 'कमला सर्कस' और उसी में या उसी के बराबर में एक 'काला जादू' (नाम अब ठीक से याद नहीं कि यही नाम था या कुछ और) का शो होता था। जादूगर बहुत से जादू दिखाता था उसमें एक जगह ऐसी आती थी जिसमें वह सन्दूक़ के भीतर सन्दूक़, उसके भीतर फिर एक और सन्दूक़, फिर उसके भीतर भी एक और सन्दूक़ और इसके बाद फिर सन्दूक़ के भीतर फिर एक और सन्दूक़, और फिर, और फिर...और...या समझो भीतर के भीतर के भीतर के भी और और भीतर वाला एक कहीं न ख़त्म होनेवाला सिलसिला छा जाता—और आज तक वह छाया हुआ है। इस कुंजी और ताला...क़ैद...पिंजरा की बात के सूझते-सूझते आज अचानक स्मृति में वही सन्दूक़ के भीतर सन्दूक़ वाला क्षण-कौंध गया। अभी तो मैं उसी कौंध के विराट पिंजरे में क़ैद हूँ और कुंजी की तलाश से कहीं दूर बेपरवाह!

ज्ञान के निर्माण से सत्य का खूँटा तैयार नहीं होता। ज्ञान के निर्माण से हम अपनी बेहोशियों की गोद में सोई हुई स्थिति से आँख मलने भर की अवस्था तक आ जाते हैं।

सत्य को ढूँढ़ने चले हो और वह भी तर्क की टेढ़ी उँगली से!

और फिर...सत्य पाने के बाद क्या करोगे?—सत्य के अधिष्ठाता बन उसे दुनिया भर में बेचोगे। तुम्हारे स्टॉकिस्ट, फिर उनके डिस्ट्रीब्यूटर और फिर ख़ुदरा (ख़ुदी) व्यापारी और फिर दुकानदार और फिर सत्य की पुड़िया बनाकर गली-कूचों में बेचा जाएगा! और तुम...तुम सत्य के ठेकेदार, अधिष्ठाता और सत्यजित कहलाओगे।

बिछड़ना (तो) बहुत पुराना सिलसिला है, मिलना हर बार नया होता है।...लेकिन शायद बिछड़ना (पुराना होते हुए भी) लौट-लौटकर फिर नया होता रहता है। जमा किया हुआ पुराना और पुराना होता हुआ कभी पहचान से परे होकर फिर अपने को नया कर लेता है...कर लेता होगा...!

इस धरती पर तो आदमी को ही जगह नहीं है बसने की; देवता तो रहेंगे ही आसमान में!—नहीं तो और कहाँ रहेंगे!

वन-जंगल पशुओं से ख़ाली हो रहे हैं। दिनोदिन आवास के अभाव में जानवर बेचारे मारे-मारे घूम रहे हैं। चप्पे-चप्पे पर आदमी पसरता जा रहा है, जानवरों का कोई ठौर-ठिकाना रहा नहीं। हर दिन किसी प्रजाति के लुप्त हो जाने की ख़बर आती है। इस सदी में आदमी ही विस्थापित थोड़े हुआ है—जानवर भी विस्थापित हुए हैं।...हो रहे हैं दिनोदिन। न जाने कब तक चलेगा ये सिलसिला!

और परिन्दों का तो जैसे कोई घर है ही नहीं। बेचारे जिस-तिस डाल पर गुज़र-बसर कर लेते हैं। आज किसी डाल पर आशियाना कल किसी और डाल पर।

—दर-बदर घूमते रहते हैं बेचारे आसमान में। कहने को वे मुक्त हैं। (मनुष्य समाज ने भी ख़ूब मुहावरा गढ़ लिया है—गोया परिंदा आज़ादी का पर्याय हो।) ऐसा और इतना मुक्त होना भी किस काम का। लौटने के लिए कोई ठिकाना तो चाहिए न।...और कोई तो हो जहाँ और जिसके लिए और सिर्फ़ जिसके लिए लौटना हो। और उत्कंठित मन से हो।

प्रायः अपने व्यावहारिक जीवन में, रोज़मर्रा की ज़िन्दगी में सोचने का काम हम वाक्य की संरचना या वाक्य की लपेट में ही करते हैं, किसी एक शब्द में नहीं। यानी व्यवहार की भाषा वाक्य में अन्तर्भूत रहती है। शायद इस अर्थ में वाक्य

भाषा की इकाई है। इसी अर्थ में वह विचार की अनन्त शृंखला का एक चरण-मात्र है, बोधक है—उसके किसी एक पहलू का क्रमशः बोधक। सोचिए यदि हम शब्द को ही यह स्थान दे दें तो शब्द का इतना स्वैर रूप भी देखने में आता है कि हमें बात करना ही दूभर हो जाए। शब्द क्या रूप लेगा, इसी से वाक्य निर्धारित होता है। यह वाक्य निर्धारण एक प्रकार से सम्बन्धों का पारम्परिक निर्वाह करने जैसा है। इससे शब्द का रूपात्मक सौन्दर्य नहीं जगता। शब्द की अपनी स्वतंत्र सत्ता दबी रह जाएगी। शब्द की अपनी इयत्ता या अस्मिता कुंठित ही रह जाएगी। शब्द की निहित शक्ति का ज्ञान हमें तभी होगा जब हम उसे उसके पारम्परिक स्थान से च्युत कर दें या उसे पारम्परिक स्थान और सम्बन्ध से हटाकर उसका एक नया सम्बन्ध जोड़ दें। इस नए सम्बन्ध से जो नया भावोद्रेक जगेगा—वस्तुतः कविता में, कला में, सर्जना में वही नया संचार नई प्राणवत्ता भरता है। इस प्रक्रिया में कभी-कभी हमारा अवचेतन बड़ा साथ देता है। अवचेतन में घटित व्यापार और 'संयोग' कला में बड़े काम के होते हैं। क्योंकि संयोग में जो सूझ होती है तर्क वहाँ तक कभी-कभी पहुँच नहीं पाता। क्योंकि तर्क बुद्धि बहुत दूर तक वस्तु या विचारों के पारम्परिक उपयोग सूत्र से बँधी होने के कारण एक दिशा विशेष में अपना कार्य करती है। वहाँ सम्बन्धों की एक पूर्वनिर्धारित, पूर्व-प्रदत्त शृंखला है जो उससे अलग होकर विशृंखल नहीं हो सकती। ऐसी स्थिति में विचार में, सोच के चाल-चलन में विद्रोह की बात सोची भी नहीं जा सकती। जब तक शृंखलाबद्ध सम्बन्ध रूपों के परम्परा से चले आ रहे उपयोगी भाव को हम नष्ट या उपेक्षित नहीं करेंगे तब तक सर्जना में नई प्राणवत्ता नहीं भर सकते। हर अच्छा और बड़ा कवि सम्बन्धों की चली आती शृंखला को विनष्ट करता है और नए सहसम्बन्धों का एक नया साँचा, एक नई दुनिया बनाता है।

मुझे लगता है अज्ञेय और शमशेर की कविता पर इस दृष्टि से भी काम करना चाहिए। और हाँ, त्रिलोचन और रघुवीर सहाय जैसे कवियों पर भी इस दृष्टि से विचार किया जाना चाहिए।

वस्तुतः आलोचक अपनी आलोचना में अगर यह बताने का या ढूँढ़ने का प्रयास करता है कि अमुक रचना में या अमुक कविता में जिन तत्त्वों का अथवा भाव-बोध का संश्लेषण और संयोजन अपने विशिष्ट आयोजना के कारण कैसे कला-मूल्यों में बदल गया है तब क्या उसे यह भी नहीं बताना चाहिए कि कैसे

कवि ने निहित जटिलता को सहजता में उपस्थित कर दिया है। और एक बहुत ही सामान्य-सी सरलता को कैसे उलझी हुई संवेगात्मक अनुभूति के संघट्ट व्यापार को कलात्मक प्रस्तुति के कारण उस पर दृष्टि केन्द्रित करने को बाध्य कर दिया है।

...सम्बन्धों और सम्बन्धों की नई निर्मितियाँ।—सहसम्बन्धों को कविता कैसे रूपायित करती है, सम्बन्धों को कैसे वह परिभाषित करती है, या कैसे नए सम्बन्ध बनाकर उसे कैसे नए संवाद में ढालती है—यह सब देखना और दिखाना भी तो आलोचक का ही काम है। अन्विति। समन्विति। अनेकत्व और एकत्व के विभिन्न रूप और आयामवाली अभिव्यंजनाएँ और फिर एकत्व में भी समानान्तर चलने वाली सृष्टि, सृष्ट-छायाएँ और सृष्ट-रूपों को दिखाकर कवि के हृदय को छूने का प्रयास करना भी तो आलोचन-कर्म का ही हिस्सा है।

* * *

झूठ के महीन धागों ही से वासना की चादर बुनी जाती है जिसे हम प्रेम समझकर जीवन भर ओढ़े रहते हैं।

वासना और प्रेम के धागे क्या अलग-अलग होते हैं? क्या वासना का रंग और प्रेम का रंग जुदा है? वासना का रंग कौन सा है और...प्रेम का रंग कौन-सा है?

कहीं ऐसा तो नहीं है कि प्रेम के ताने पर हम वासना का बाना बुनते रहते हैं और इस तरह बुनी गई चादर में तमाम रंग इस क़दर घुल-मिल जाते हैं कि ताने-बाने का अलग अस्तित्त्व ही नहीं रहता—दोनों एक-दूसरे के शरण्य... एक-दूसरे को पोसते हुए...एक-दूसरे से त्राण पाते हुए सहअस्तित्त्व बनाए रखते हों...।

* * *

अभी पूरी तरह दिन नहीं निकला है। अँधेरा है; सुबह होने से पहले का अँधेरा। उजाला होते-होते तो अभी डेढ़-दो घंटे लगेंगे। लेकिन उजाले का इन्तज़ार कौन करे। लगभग मैं रोज़ इसी समय यानी पाँच-साढ़े-पाँच बजे पढ़ने बैठ जाता हूँ। कल रात (11:30 बजे के आस-पास) भीष्म साहनी का उपन्यास 'कड़ियाँ' ख़त्म करके सो गया। अब सुबह-सुबह मुँह अँधेरे ही अमृतराय की पुस्तक 'सहचिन्तन'

पढ़ने बैठ गया हूँ। 'कथा-प्रसंग' नाम का एक लेख पढ़ा जो 'नई कहानी' पर था। उसे पढ़कर मैं बहुत प्रभावित हुआ। विचार एकदम साफ़-सुथरे, निथरे हुए पानी की तरह। और उससे भी कहीं ज़्यादा अच्छा लगा मुझे उनकी भाषा और उनके बात करने का अन्दाज़। वाह क्या बात है! अभी उनका 'स्ट्रीट रोमियो' लेख पढ़ रहा हूँ। अभी दूसरे पैराग्राफ़ तक ही पहुँचा था कि एक शब्द ऐसा आ गया जिसके मानी नहीं खुल रहे थे। मैं ज़रा देर के लिए उस पर ठहरा पर फिर कुछ मानी का अन्दाज़ लगाकर आगे बढ़ लिया। कुछ और आगे बढ़ा और पढ़ता गया लेकिन पढ़ता तो रहा मगर दिमाग़ में एक खटक भी बनी रही कि वो 'वज़ा' क्या है। इसी गरज से 'मद्दाह' वाला शब्दकोश निकाल लिया और जब तक 'वज़ा' तक पहुँचूँ–पहुँचूँ क्या जो पेज खुला खुलते ही नज़र गई 'सहने लामकाँ' पर फिर 'सहबा', 'सहबाई' से होते हुए 'सहम्' पर नज़र ठहर गई। यहाँ 'सह्म' भी दो थे–एक अरबी का (जिसका अर्थ है कमान से छूटा हुआ तीर; भाग, अंश, हिस्सा।) और दूसरा फ़ारसी का। मैं दूसरे यानी फ़ारसी वाले का अर्थ–भय, त्रास, डर, खौफ़–देखकर अचम्भित रह गया। अपने बचपन से लेकर अब तक और अपने पूरे घर-भर में मैं इस लफ़्ज़ को सुनता-बोलता चला आ रहा हूँ और इसी फ़ारसी वाले अर्थ-अभिप्राय में। मेरे इस अचम्भे में क्या छिपा है आप जान ही गए होंगे, उसे अब बताने की ज़रूरत भी नहीं है। इसी अचम्भे को ज़ाहिर करने और बाँटने के लिए तो ये 'गाथा' लिखनी पड़ी वगरना हुई हुई चीज़ को और वह भी हू-ब-हू लिखने की काहिलाना ज़हमत कौन करे।...और वह भी मुझ-जैसा जो कविता से नीचे पाँव ही नहीं धरता!

और आप अभी तक सोच रहे होंगे इसमें अचम्भे की क्या बात है। बहुत मुमकिन है मेरे अचम्भे पर आप अचम्भित रहें देर तक...। और हाँ, वो 'वज़ा' तो रह ही गया...यह कोई नए अचम्भे की बात थोड़े ही है यह तो आए दिन होता ही रहता है।

रात भर बर्फ़ गिरती रही। गिरने की आवाज़ नहीं आती इसलिए बर्फ़ झरती रही कहना ठीक होगा। गोया हर शै बर्फ़ का पर्याय हो गई है। मुतरादिफ़ हो गई है। सुबह उठता हूँ। उठकर हाथ-मुँह धोकर चाय बनाने जाता हूँ। चाय बनाकर पढ़नेवाले कमरे में चाय का पियाला लेकर चला आता हूँ। और फिर चाय सामने रखकर आस-पास बिखरी किताबों को निगाहों में भरके मेज़ पर धरी

किताबों में से एकाध को उठाता हूँ...उलटता-पलटता हूँ। फिर धीरे-धीरे मैं उसके किसी हिस्से में इस क़दर डूब जाता हूँ कि मुझ तक को अपनी ख़बर नहीं रहती लेकिन हाथ चाय के पियाले की तरफ़ ख़ुद-ब-ख़ुद स्वचालित ढंग से बढ़ते रहते हैं और इस तरह मैं घूँट-घूँट करके चाय की दुनिया से अपना नाता बनाए रखता हूँ।

लेकिन यह नाता कैसा है? चाय का हर घूँट एक अलग स्वाद देता है। वह पहले घूँट-जैसा लुत्फ़ नहीं देता उससे कुछ अलग क़िस्म का कुछ लगता है। उसे अलग आनन्द था अलग बोध या अलग ज़ायक़ा या अलग स्वाद या...अलग... क्या 'अलग' कहूँ। 'टेस्ट' और 'फ़्लेवर' जैसे शब्द भी वह बोध और अनुभूति मुझ जैसे (देसी संस्कार वाले भारतीय आदमी) के भीतर जगा नहीं पाते। हालाँकि 'फ़्लेवर' जैसा शब्द कम घिसा-पिटा है या फिर कम सुनाई देता है और उस अलग बोध के बहुत-कुछ निकट ले जाने में मेरा दूर तक साथ निभाता है।

पर मेरी मुश्किल उस शब्द विशेष को पाने की (या पाने में) ही नहीं है। अस्ल में तो मैं उस एक ही चाय के अलग-अलग घूँट में एक अलग क़ैफीयत कैसे होती जाती है—इसी पर अटका हूँ। सवाल शब्द के पाने का भी है लेकिन उससे पहले उस कैफ़ीयत को जानने-चीन्हने का भी है जिसने हर घूँट में एक अलग अनुभूति को जगाया और यह हर घूँट का अलग-पन हमारे बाहर और भीतर की दुनिया की टकराहटों से मिलकर कैसे बनता है।—सवाल उस अलग अ-रूप की निर्मिति का है—अस्ल सवाल अभी और पहले इस 'कैसे बनता है' का है।...कैसे की प्रक्रिया के बाद फिर उसे शब्द रूप में पाकर आपके सामने आता हूँ...बल्कि सच तो यह है कि आपके सामने नहीं ख़ुद अपने सामने आता हूँ। अभ्यस्त हाथ फिर पियाले तक पहुँचे और आदतन होंठों से लगाया...लेकिन पियाला तो ख़ाली हो चला था।...

ख़ूब...देखो न इस 'घूँट' की भी अलग ही कैफ़ीयत है!

क्या इस दुनिया में 'दो टूक' कुछ होता है? (शायद) इस दुनिया में दो टूक शब्दो में कुछ नहीं होता। फिर एकाएक ख़याल आया दो शब्दों का। —सत्य औ ईमानदारी! फिर तीसरा शब्द कौंधा 'प्यार।' फिर कुछ देर बाद इन शब्द-दीयों क लौ भी काँपने लगी और भरोसे के ये डाँड एक-एक कर हाथ से छूटने लगे।...औ प्रेम-प्यार पर भी प्रत्यय अब उठ चला। वह तो शायद आत्म को खोकर ही पाय

जाता रहा है सदा से। और आत्म को कोई खोना नहीं चाहता—चाह कर भी नहीं। और यह जो सांसारिक प्रेम है यह जीवन का व्यवहार है, लीला...नाटक...तमाशा...खेल है। जीवन में प्रवाह भरने की एक युक्ति—सामाजिक युक्ति है लेकिन है यह भी एक सौदा ही—मोल-तोल जिसके दो पलड़े हैं।

व्यंग्य का बाण भी तो यथार्थ को भेदने का एक साधन है। विडम्बना यह है कि व्यंग्य विनोद से ही उपजा हुआ एक तीक्ष्ण, मारक रूप है। इसलिए व्यंग्य की शक्ति विनोद में भी निहित रहती है।

...इसी अधूरे में जैसे कुछ पूरा होता जाता है।

ज़िन्दगी में सुख के कण तो बीनने पड़ते हैं—जो इतनी बड़ी दुनिया में नहीं मिलते वे कभी-कभी आपके अपने किसी कोने में या आपके इर्द-गिर्द पड़ी-सिमटी छोटी-छोटी चीज़ों में मिल जाते हैं।

कविताएँ। कविताएँ क्या सभी कलाएँ बेख़ुदी से निकलती हैं।...कविताएँ।...बेख़ुदी से उपजती हैं कविताएँ! कविताएँ तो बेख़ुदी का राग हैं। और शायद आग भी।

कथा अनिवार्यतया परस्मैपद ही होती है और कविता?—कविता को क्या केवल आत्मनेपद (-पदी) माना जा सकता है?

कविता प्रकृति के समक्ष प्रार्थना रूप है जो हृदय के आकाश में शब्दातीत भास्वर होती रहती है।

मैं नहीं गाता
मेरा हृदय गाता है
हृदय नहीं गाता
मेरी आत्मा गाती है
आत्मा नहीं गाती
आत्मा में जो विराट बसता है
वह विराट गाता है
लेकिन यह और बात है कि
आत्मा के साज़ पर मेरे हृदय से गान उठाता है
और इस तरह वह अपनी आग मुझमें धरकर
अपना अग्नि-पुष्प खिलाकर
अपना पराग मुझमें भरकर
ख़ुद ओट हो जाता है
फिर एक दिन मुझमें
हूक जगाकर
मुझमें ही मेरा होकर अपने में मुझे गवाता है–
शायद उसे मेरा यह गान बहुत भाता है
हो न हो यह भी उसकी कोई भूली हुई अदा हो
और मैं याद करने लगता हूँ :
पिछली बार उसने मेरी आत्मा के साज़ पर मुझसे
कब गवाया था और मैंने कौन सा राग छेड़ा था
स्वर कुछ भूले-भटके-से थे
बहुत दिन हो गए उसने गाने के लिए कहा नहीं
साज़ भी चुप है–कुछ अपने में खोया-सा
अब देखो वह कब कहेगा गाने के लिए

एक दिन कहने लगा ख़ुद को भूलकर
मैं ही तू हो जा, फिर तू का गान गा।

जाते-जाते जाने कहाँ से फिर ये शब्द गूँजने लगे—

"बेख़ुदी ले गई कहाँ हमको
देर से इन्तिज़ार है अपना"

—और फिर एक नूर के दरिया में वह गुम हो गया...।

जन्म-जन्म का क़र्ज़ एक ही जन्म में उतारना
और एक ही जन्म के क़र्ज़ उतारने के लिए
बार-बार जन्मना
यानी बार-बार, हर बार मृत्यु को वरना!

क्रान्ति की जेबों में क्या है—
नारे
जुलूस
मशालें...
भूखे पेट
हिंसा
और हड़तालें...

बहुत हुआ तो बीड़ी पी ली
बहस में तहस-नहस ख़ुद ही को करके
आँखों की चिलम से
लपटें उठा लीं
लाल लाल नीली
बहुत हुआ तो बीड़ी पी ली

हम अपने-अपने द्वीपों में, अपनी-अपनी गुफ़ाओं में, अपनी-अपनी कन्दराओं में, अपनी-अपनी खोहों में, अपनी-अपनी खोलियों में अपनी-अपनी बोलियों में एक

दुनिया बसाये जीते चले आए हैं...अपने को समेटे हुए, अपने में सिमटे हुए से। इसके बरअक्स आँखों में सर्वथा एक दूसरा अलग ही चित्र मानस में कौंधता है उस भारतीय ऋषि का जो किसी ऊँची चट्टान पर तपःपूतभाव में मुक्ताकाश साहचर्य पाता हुआ, सभी दिशाओं से सम्बन्ध सूत्रों से अपने को सम्पन्न बनाता हुआ अपने तेज में एक अखंड और सम्पूर्णता की लौ जगाए हुए सहज सब कुछ को दे दिए जाने के भाव से विशाल तरु के समान सब कुछ में एक पूर्णता और प्रशान्त होने का भाव जगाता है।

भारतीय आध्यात्मिकता और उससे बना भारतीय मानस चाहे उस छवि की धूल भी न हो जो हमारे शास्त्रों और संस्कृति में दिखाई गई है मगर फिर भी आदर्श तो बहुत महान रखा भारतीय परम्परा और संस्कृति ने। यह और बात है कि लक्ष्य और उस आदर्श की चुनौती को हम ही छू न पाए। अब छूना शायद भूल भी चुके हैं क्योंकि इस भौतिक संसार की आपा-धापी में लक्ष्य ही बदलकर कुछ से कुछ हो गए हैं।

सिमटते-सिमटते तो अब हम गाँव-नगर की बस्तियों से होते हुए, घरों-कमरों से होते हुए अपने-अपने भठों और बिलों तक आ पहुँचे हैं। आगे पता नहीं अब किस आशियाने की तलाश है...जाने आशियाना कहाँ होगा!

भाषा मेरे होने को अनुक्षण मुझसे छीनती जाती है। मुझमें हो रहे सद्यघटित को वह सोखती रहती है। अतः बाह्य जगत और अन्तस् लोक सुना-अनसुना, दीखा-अनदीखा, छुआ-अनछुआ...बोध और बोध से परे सब-कुछ के घटित का वाष्पीकरण मुझ में शब्द जगाता है। यही शब्द मुझे और से और से फिर और-और करता जाता है। इसी से तो इसी में नित नया होता जाता हूँ। यही शब्दमुझे और...और न जाने कहाँ (-कहाँ) लिए जाता है...अद्‌भुत है यह शब्दयान...भाषापोत!

भेद के तीव्रतम विकर्षण शक्ति-गर्भ से ही अभेद (-त्व) को पहचान कर चेतन और जड़ एक दिन किसी बिन्दु पर जा मिलेंगे।–कदाचित् इसी अर्थ में चेतन और जड़ अर्थात् सत्ता भिन्नत्व का लोप कर देगी। यूँ सत्ता में भिन्नत्व होता ही नहीं सत्ता

अभिन्नत्व से ही होती है। यह अलग बात है कि सत्ता के भिन्न-भिन्न रूप होते हैं और उन रूपों की भी जागतिक-भौतिक सत्ता होती है।

भिन्नताओं (भेदत्व) को देख पाना बुद्धि और बुद्धि की बढ़ती हुई भेद-शक्ति के कारण ही सम्भव हो पाता है। जिसकी अपनी भूमिका और महत्त्व है, विशेष रूप से भौतिक और वैज्ञानिक जीवन के सन्दर्भ में। लेकिन इसे जीवन का आत्यान्तिक मूल्य भी नहीं मानकर चलना कदाचित अनुचित न होगा। भेद और भिन्नताओं को हम नकार तो नहीं सकते फिर भी परोक्ष में, हमारे अन्तःस्तल में अभेदत्व और अभिन्नत्व की एक नन्ही लौ की दीप्ति सदा बनी रहनी चाहिए जैसे अभिन्न भाव से उपजी मन्द्र षड्ज के नाद की गूँज जो अपने में ब्रह्मांड को समाए रहती है।

अस्ल में बात कुछ यूँ हुई कि कल रात कुर्रतुल ऐन हैदर की कहानी 'हाजी बाबा बेकताशी के मल्फ़ूज़ात' पढ़ते-पढ़ते सो गया। सुबह फिर लगभग 4:40 के करीब उसे पढ़कर पूरा किया। कुछ अल्फाज़ ऐसे थे जो मुझे समझ नहीं आए। 'बेकताशी' का मैं अर्थ जानना चाहता था सो 'मद्दाह' का 'उर्दू-हिन्दी शब्दकोश' देखा, ढूँढ़ा मगर ये लफ़्ज नहीं मिला। ख़ैर। अक्सर मेरे साथ यह होता है कि लफ़्ज कोई ढूँढ़ने चलता हूँ उससे पहले कुछ और लफ़्ज़ों पर निगाह अटक जाती है। मैंने इस ग़रज़ से कि 'बे' के अंतर्गत 'बेकताशा' शब्द नहीं मिल रहा हो, तो शायद 'कताशा' शब्द दिया हो। सो 'क' की तरफ़ आते-आते मैं 'कफ़'लफ़्ज़ में अटक गया। कफ़ के अर्थ (हथेली, कमीज़ आदी का कफ़, बलग़म) तो मालूम था लेकिन उसका एक नया अर्थ और पता चला–जिसका अर्थ है उर्दू छन्द में सात अक्षरवाले गणों (मुफाईलुन-फ़ायलातुन) के अन्तिम अक्षरों को गिराकर (मुफ़ाइलु-फ़ाइलातु) पढ़ना। लेकिन इसकी सनद में जो शेर दिया है, हज़रत दाग़ देहलवी का उसे पढ़कर मैं फिर एक बार दाग़ का दीवाना और दिलदादा हो गया। शेर यूँ है–

"पहचानिए तो, किसका यह नक़्शे-कफ़े-पा है,
अक्सीर उठा लाया दुश्मन की गली से मैं।"

'अक्सीर' लफ़्ज़ का मानी 'मुझ पर खुला नहीं। यूँ ये लफ़्ज़ हमारे घर में अक्सर इस्तेमाल होता था–कि बड़ी अक्सीर दवा है। अब अक्सीर को 'मद्दाह' के कोश में तलाशा, नहीं मिला। फिर 'फरहंगे-आर्यान' की ओर लपका। उसे इस्तेमाल करने का सोफ़िया (बल्गारिया) में यह मेरा पहला मौक़ा था। लफ़्ज़ तो ढूँढ़ लिया सफ़ा 347 पर। लेकिन वहाँ हम लोगों ने (यानी जनाब चन्द्रशेखर,

गोबिन्द प्रसाद, रवीन्द्र गार्गेश, अब्दुर्रशीद और मधुकर तिवारी जी) इसका उच्चारण 'अक्सीर' न देकर 'इक्सीर' दिया है। मैंने यह सोचकर कि यह अशुद्ध उच्चारण दे दिया गया है इसे नोट कर लेता हूँ और दिल्ली पहुँचकर इस पर बातचीत करेंगे और ठीक कर लेंगे। ये जो अब तक लिखा है सिर्फ़ इसी एक लफ़्ज का तलफ़्फ़ुज़ दुरुस्त करने की ग़रज़ से लिखना पड़ा। लेकिन हैफ़ अब सब पर पानी फिर गया। हुआ यह कि अचानक सूझा कि मद्दाह में अक्सीर नहीं मिला तो अब इसे 'अ' में न देखकर 'इ' में यानी इक्सीर उच्चारण से देखता हूँ तो कमबख़्त वहाँ बैठा हुआ है, निकल आया। मैंने सोचा था—और मैं इस पर ख़ुश था कि देखो मैंने जैसे कोई तीर मार लिया हो—कि एक तो मद्दाह में ये लफ़्ज़ नहीं दिया गया, यानी मैंने इसे एक कमी की तरह पकड़ लिया और दूसरी ख़ुशी इस बात की कि चलो हमारी बनाई डिक्शनरी ('फरहंगे-आर्यान') में मैंने अपनी ही एक ग़लती पकड़ ली (कोई दूसरा पकड़ता उससे तो बेहतर हुआ) लेकिन अफ़सोस और ख़ुशी भी (देखो कैसे दोनों एक मुक़ाम पर आ मिले हैं कि दोनों बातें मेरी ग़लत साबित हुई) और इसी ग़लत साबित होने में मेरी ख़ुशी भी पोशीदा है। और हाँ, अस्ल में तो यह सब क़वायद 'दाग़' के शेर ने करवाई (है)।

भाषा परम सत्ता नहीं है। वह परम यथार्थ भी नहीं है। वह परम को या यथार्थ को जानने का माध्यम भर है। अतः भाषा परम सत्ता अथवा यथार्थ का एकमात्र विकल्प नहीं है। भाषा के पास अनुभव की पहचान को सम्प्रेषित करने का वह औज़ार है जिससे वह परम तक पहुँच सकती है। भाषा से परम की पहचान भी होती है और भाषा ही परम की पहचान में व्यवधान भी बनती है (क्योंकि वह माध्यम की अपनी प्रकृति भी है और सीमा भी)। वह साधक भी है, बाधक भी है परम की प्राप्ति में...परम के परस में—यह उसका दोमुँहा चरित्र और दुरंगापन ही (दुरंगा ही नहीं बहुरंगापन भी) उसकी शक्ति का रहस्य है उसका स्वभाव है जिसमें सत्य रेंगता रहता है।

भाषा जब और जहाँ आत्यन्तिक रूप से उस विज्ञान पर टिकी होती है जिसका शास्त्र व्याकरण है तब और वहाँ उसकी दिशा आलोचन-कर्म की ओर अग्रसर

रहती है या हो सकती है। और जहाँ या जब भाषा उस विज्ञान की व्यवस्था का अतिक्रमण करती हुई विभेद के रहस्य को ज्ञेय और व्यंजक बनाती है तब और वहाँ वह कला या रचना अथक सर्जना की ओर बढ़ती है।

रचना 'भेद की व्यवस्था' का अतिक्रमण करती है। यह अतिक्रमण ही (और अतिक्रमण एक तरह का नहीं है उसकी अपनी एक दुनिया है) कला का प्रेरक है, जन्म देनेवाला है, कला का, सर्जना का उत्स है।

रचना और आलोचना का आख़िर सहसम्बन्ध है क्या। सम्बन्ध और सहसम्बन्ध क्या है। 'अन्धताओं' के साथ-साथ 'अन्तर्दृष्टि' को भी पकड़ना, यानी आलोचना कर्म में एक साथ दोनों पर नज़र रखना। रचना में 'आभ्यन्तर' की मूर्ति कैसे गढ़ी गई है इसकी हर तरफ़ से पड़ताल करना। इस स्थिति में यहाँ हम 'आभ्यन्तर' को रचनाकार के भीतर अब तक देखा-सुना और अब तक के प्राप्त का समग्र (और प्राग् अनुभव) भी! सार रूप 'पूर्व अनुभव' कह सकते हैं। और ज़ाहिर, है रचना इसी पूर्व अनुभव का यथासम्भव सम्प्रेषित रूप है। यानी वह अब तक के पाए गए अनुभव रूप का रूपायन है। आलोचक को चाहिए इस सम्प्रेषित रूपायन के साथ-साथ वह रूपायन के उस प्राग-अनुभव रूप का भी अध्ययन करे, (उसके छल, स्रोत, वैशिष्ट्य, न्यूनता या महत्त्व आदि) रेखांकित करे जो वस्तुतः उन रूपों का भी रूप है और एक अनन्त रूप की शृंखला के रूप में। रूप के भी तदर्थ रूप। इस तरह यह लिखित के या दूसरे शब्दों में किसी भी रचना-सर्जना के उद्गम अथवा उत्स के तदर्थ और तद्वत रूपों की एक अनवरत प्रक्रिया की खोज में संलग्न रहने जैसा है। इस प्रक्रिया में रत रहनेवाली 'संज्ञा' (कर्मरत अध्येता या आलोचक आदि) स्वयं तद्वत हो जाए तो क्या कहना! ऐसी स्थिति सम्यक् रचना की सम्यक् स्थिति का सम्पन्न आभास हो सकती है। रचना के सम्यक् अनुभव का सम्पन्न आभास करा पाने का सामर्थ्य भरा कर्म ही आलोचन कर्म है।

उस दर्ज़ी (अब्दुलग़नी जिसने दिल्ली के कश्मीरी गेट वाली अपनी दूकान पर मंटो और कृशन चन्दर के सूट सिले थे और सिलाई के पैसे 'हतक' कहानी पढ़ने के बाद माफ़ कर दिए थे।) को सलाम जिसने मंटो का गरेबान पकड़ा और गरेबान छोड़ते हुए यह कहा कि "जा, तेरे उधार के पैसे माफ़ किए।"

प्रायः शब्दों से कहा हुआ ही कहा जाता है। मज़ा तो जब है कि अनकहा भी कहा जाए या अनकहा भी कहने के साथ (शब्दों में) लिपटा चला आए। कवि-रचनाकार की यही मुश्किल है कि अनछुए अनुभव को शब्दों की उँगलियों से छुआ कैसे जाए।...कैसे छुए कि शब्द में वह अनुभव जाग उठे कि स्पन्दित होकर दूसरा भी उस प्रकाश में नहा उट्ठे।

वस्तुतः मैं चाहता हूँ शब्द सम्प्रेषण की उस चरम और स्वतः स्फूर्त अवस्था को छू ले जहाँ श्रोताओं के भावों का उमड़ता लय में गुँथा तालबद्ध आवेग सहसा सम पर जा पहुँचता है। सम पर जा ही नहीं पहुँचता है सम पर पहुँचने की इस अन्तराल भरी प्रक्रिया में साथ बह भी निकलता है। इस पूरी प्रक्रिया में भाव-बोध, अनुभूतिपरक संवेग, भाषा और काल के अभिन्न सम्बन्धों की अभूतपूर्व लय और लपेट की संरचना रहती है। स्वर (सुर) के लगाव, लय के आरोह-अवरोह में गत्यात्मक अनुभूति में पगे मूर्त्त होते अन्तराल और ताल में बँधी काल के सम्बन्धों में सिमट आती अनुभूति की नाप की गहराई...सब कुछ एक ही समय में साथ-साथ पलक झपकते ही होता है। भाषा अनिवार्यतः अनुक्रम में बँधी होने के कारण उस सब कुछ को एक साथ एक क्षण की ओट में पकड़कर दिखा पाने में समर्थ नहीं हो पाती। इसे माध्यम की सीमा ही कहिए।

अनुवाद सम्भवतः उन्हीं भावों-विचारों, संवेग-आवेग, आशय-अभिप्रायों और रूप-रस-गंध-स्पर्श आदि से जुड़े समस्त ऐन्द्रिय अथवा ऐन्द्रियातीत व्यापारों का होता है या हो सकता है जिन्हें हम भाषा में व्यक्त कर पाते हैं। जो कलाएँ भाषातीत हैं, शब्द जिनका माध्यम नहीं है उन कलाओं का अनुवाद कैसे होता है। मैं समझता हूँ चित्रकला, मूर्तिकला, वास्तु-शिल्प, स्थापत्य, संगीत और भी न जाने कितनी कलाएँ ऐसी हैं जिनका स्पष्ट माध्यम भाषा नहीं उनका अनुवाद तो हो ही नहीं सकता। अनुवाद की दुनिया केवल भाषा तक सीमित है। इस तर्क की काट में यदि आप बहुत बारीकी में या लाउड थिंकिंग करें तो कोई कह सकता है कि समस्त जीवन ही ऐसा है जिसका हम उम्र भर अनुवाद ही करते रहते हैं। इस तर्क अथवा युक्ति से, हम कह सकते हैं कि हमारा सारा जीवन,

जीवन में किया गया वह कर्म अथवा संघर्ष (और संघर्ष के जितने भी रूप सम्भव हैं या संघर्ष के अतिरिक्त कुछ और भी कह लें जिन्हें संघर्ष शब्द से चिढ़ हो या उसमें वामपन्थ अथवा प्रगतिशील होने की गन्ध आती हो) जो कला और कला से इतर भी हो; वह अनुवाद ही है। जब सब कुछ अनुवाद ही है तो फिर मूल क्या है...मौलिक क्या है। यदि अनुवाद है तो किसी का तो अनुवाद होगा न। छाया अपने आप नहीं बनती। छाया है तो छाया की कोई कारक सत्ता भी तो होती होगी! कहने को तो आजकल कहा जा रहा है कि मूल कुछ होता ही नहीं। ओरिजनल कॉपी कुछ होती नहीं, सब फोटो कापियाँ ही हैं। बहरहाल यह तो दार्शनिक प्रश्न जैसा है। मेरी जिज्ञासा तो इतनी थी कि दृश्य और रूपंकर अथवा संगीत-कलाओं का अनुवाद हम कैसे और किस भाषा में करते हैं!

जो भाषातीत संसार है अर्थ और अर्थ से कहीं अधिक मर्म तो वहाँ भी विहित रहता है—अनुवाद में उसकी समाई कैसे होगी। भौतिक संसार और रूपाकृति संसार से परे ऐसा बहुत कुछ रूपातीत संसार है जो अभिव्यक्त होना चाहता है—(यद्यपि उस संसार के व्यक्त होने की अपनी कारक शक्तियाँ और तर्क प्रक्रिया है जो मनुष्यकृत संसार से अधिक कहीं प्रकृतिकृत है।)—अव्वल तो वह किसी कला में ढले! यही अपने आप में बहुत बड़ा काम है। और कहीं वह ऐसी कला में ढल जाए जिसका सम्बन्ध भाषा से न हो तब अनुवाद की समस्या अनुवाद के सिद्धान्त या कि अनुवाद कर्म पर ही एक प्रश्न खड़ा हो जाता है।

किसी की भाषा ऐसी होती है कि उसमें आप तैरते हैं—अक्सर साथ-साथ। कभी-कभी अलग भी; लेकिन तैरते हैं। किसी की भाषा में हम बहते हैं, बहते जाते हैं।...बस बहते जाते हैं (मानो हमारा बोध-यंत्र हमारे ही नियंत्रण से बाहर हो गया हो...बोध-यंत्र की विवशता समझो) इच्छा से परे, अनिच्छा से परे।... इच्छाओं का अवरोध और अनिच्छाओं के अनुरोध-आग्रह से भी दूर। बहना धारा के विरुद्ध कभी नहीं होता, शायद। और; एक भाषा ऐसी भी होती है जिसमें हम न तैरते हैं न बहते हैं बल्कि डूबते जाते हैं।...डूबते जाते हैं भीतर की नदी की भीतरी लहरों में...और और भीतर। उसी में सब कुछ की आभा झिलमिलाती है। उसी में सब कुछ दीखता (जाता) है जो अब तक अनदीखा रहा आया।...

अनदीखा-अनछुआ। लहरों के अन्तस से होते हुए उस पार पहुँचने के आभास का उजास भरने लगता है। एक स्फुरण...एक स्पन्दन स्पर्श बनकर हृदयतंत्री के भीतर अखंडित स्वर का नाद-आलोक आक्षितिज दिग्-दिगन्त में व्याप जाता है। —मानो (उन) स्वर-रश्मियों के माध्यम से सृष्टि-स्नान हो।

ब्रज भाषा में नाद सौन्दर्य का अतिरेक दिखलाई पड़ता है। अनुप्रास की अतिशयता वहाँ इस कदर है कि भाषा के सहज संगीत का दम घुट कर रह जाता है।—वह जैसे भाषा में नाद की मल्ल विद्या हो। वह काव्य-भाषा का अपना संगीत न रहकर संगीत के रूढ़ ध्वनि—नादमय सीमाओं की ओर चलकर तालाश्रय तक पहुँचकर चमत्कार और रंजन की वस्तु अधिक हो जाता है। इसी से वास्तविक काव्यश्री और काव्य-सुषमा की हानि होती है, वह निष्प्रभ हो जाती है। गम्भीरता और उदात्तता अपनी नाद चपलता और छन्द प्रभूत से उत्पन्न ताल की रंजकता से काव्य तत्त्व को ग्रस लेती है। संगीत और चित्र-कला कविता में होनी चाहिए। अन्य कलाएँ भी काव्य कला में हमारी अनुभूति का पोषण करती हैं, वे भी कविता की ख़ूराक हैं लेकिन उतनी ही जितने मात्र से कविता कविता कहलाए और उसकी अपनी गरिमा पर आँच न आने पाए।

हर कला का अपना एक निजी स्वभाव होता है और कलाकार अनजाने ही उस प्रकृत स्वभाव से कहीं-न-कहीं, किसी-न-किसी स्तर पर अपने को जुड़ा पाता है, चाहे वह उस कला की पारम्परिक रूप-साँचे से कितना ही दूर क्यों न निकल जाए।

निराला की साहित्य साधना (भाग-3 पृ. 24) पढ़ रहा था। भूमिका पढ़ते समय ' मविलास शर्मा ने एक प्रसंग में (छायावाद के सन्दर्भ में) माखनलाल चतुर्वेदी की एक चर्चित कविता (और जो उनके अनुसार 'क्रान्तिकारी युवकों को बहुत प्रिय थी') को उद्धृत करते हुए कोष्ठक में चौथी पंक्ति में 'सिर सर' और पाँचवीं में 'तोड़ देना' अशुद्ध पाठ की ओर ध्यान दिलाया है। इस 'अशुद्ध पाठ' को लक्ष्य के कारण मैं अपने इस लिखने को रोक नहीं पाया। रामविलास जी ने जिस अशुद्ध पाठ की ओर ध्यान खींचा है वह बहुत ही महत्त्वपूर्ण है। इस अशुद्ध पाठ को पढ़ने के बाद उर्दू की लिपि में जो 'ज़ेर' (ˏ) का चिह्न न लगाने की प्रथा चली आ रही है उस पर एक बार फिर सोचने को मैं बाध्य हुआ। हम सभी इस बात से ख़ूब वाक़िफ़ हैं कि बहुत से शब्द ऐसे हैं जहाँ 'ज़ेर' न लगाई जाए तो

शब्द कुछ-से-कुछ हो जाएगा और अर्थ भी ज़ाहिर है कुछ और ही निकलेगा। हालाँकि; हम यह भी जानते हैं कि उर्दू जानने-पढ़ने और समझनेवाले इस 'ज़ेर' को सन्दर्भ के मुताबिक़ ही स्वतः लगाकर (या न लगाकर भी) पढ़ने व पाठ करने के ख़ूब अभ्यासी हैं। मगर फिर भी...!

उर्दू शायरी में 'दिल' लफ़्ज़ का इस्तेमाल प्रायः होता है। होता आया है और होता रहेगा; शायद। दिल की खपत बहुत है उर्दू शायरी में। हो भी क्यों न आख़िर दिल का मामला जो है, शायरी!

इस दिल को उर्दू रस्मुलख़त में प्रायः मैंने 'दल' ही लिखा देखा है। कितने ही उदाहरण इस वक़्त मेरे ज़ेहन में हैं। ख़ैर। मसलन एक शेर लें–"कहते हैं न देंगे हम दिल अगर पड़ा पाया/दिल कहाँ कि गुम कीजे हमने मुद्दआ पाया।" लिखनेवाले 'दल' ही लिखते हैं (और लिखते रहेंगे) और पढ़ने वाले 'दिल' ही पढ़ते हैं (और पढ़ते ही रहेंगे)। एक तरह से देखा जाए तो लेखन और वाचन में कितनी अण्डरस्टैंडिंग है। है न ग़ज़ब का एका। एक ने लिखी दूसरे ने बाची बानी गुरू नानक के दोनों ग्यानी।

फिर भी 'दिल' को 'दल' और 'मिल' को 'मल', खिल को 'खल'–आदि अनेक उदाहरण हैं जो दिए जा सकते हैं–पढ़ने की गुंजाइश से इनकार नहीं किया जा सकता। और फिर जब इनको द्वित्व रूप में लिखे जाने की ज़रूरत आन पड़े तो दिलदिल, मिलमिल और खिल-खिल को क्रमशः दलदल, मलमल और खल खल भी पढ़े जाने की सम्भावना से इनकार तो नहीं किया जा सकता। यह तो उर्दू लिपि के प्रचलित रूप की एक बहुत छोटी सी सीमा की ओर संकेत भर है। वह भी इसलिए कि मेरे अपने उर्दू बोलने-पढ़ने वाले साथियों के साथ और जो आम आदमी नहीं हैं, विश्वविद्यालय के स्तर पर पढ़ने-पढ़ाने से ताल्लुक़ रखते हैं–उन पर जो गुज़री है वो मैं ही जानता हूँ। एक बार एक साहब ने 'किताबचा' को कुत्ता बच्चा पढ़ दिया। एक बार एक साहब ने मुतनव्वो' लफ़्ज़ को 'मुतनू' कहकर एक बड़े नक़्क़ाद की शख़्सियत में 'चार चाँद' अनजाने ही लगा दिए। और भी कुछ मिसालें मेरे ज़ेहन में हैं लेकिन हिन्दी-उर्दू जानने-पढ़ने वाले लोग इससे ख़ूब वाक़िफ़ होंगे–इसलिए इस कम लिखे को ही ज़्यादा समझेंगे; मुझे भरोसा है।

बात तो दरअस्ल माखनलाल चतुर्वेदी की कविता-पंक्ति 'चाह नहीं देवों के सिर पर चढ़ूँ, भाग्य पर इतराऊँ' में 'सिर' के स्थान पर 'सर' लिखे जाने से शुरू हुई थी। यदि इस पंक्ति में 'सर' लिख दिया जाए तो ऐसा लगता है कि 'सर पर चढ़ूँ' की ध्वनि जो एक मुहावरे की व्यंजना को ध्वनित करके कवि के मन्तव्य

के साथ न्याय नहीं कर पाती। एक बहुत हल्का-सा बारीक भेद है 'सर' और 'सिर' के साथ पढ़ने में। लेकिन शायरी में यह ज़रा-सा भेद ही कितना मानीख़ेज़ और अहम होता है इसे बताने की आवश्यकता नहीं।

और पाँचवीं पंक्ति ('मुझे तोड़ लेना वनमाली!') में अगर अशुद्ध पाठ 'तोड़ देना' कर दें तो स्पष्ट है कि पूरी कविता में 'तोड़ लेना' की ध्वनि और व्यंजना जिस बलिदान और शहादत की ओर संकेत करती है, वह 'तोड़ देना' कहते ही सारे काव्य-आस्वाद और काव्यानुभूति को खंडित कर जाती है।

अर्थ से रहित कुछ होता है? अर्थ से रहित कुछ नहीं होता। कुछ लोगों का कहना है कि अर्थ से रहित जो शब्द होते हैं वे खोटे होते हैं। शब्दों को आप खोटा-खरा कह लें, अच्छा-बुरा कह लें, मुश्किल-आसान कह लें—चाहे जो विशेषण लगा लें—लाद दें, इस सूची का कोई अन्त नहीं है। शब्द अगर है तो उसका कोई अर्थ भी होगा ही। हम जो समझते हैं वह नहीं होगा मगर होगा तो! लेकिन जो हम नहीं समझते हैं वह ही होगा, ऐसा कैसे होगा। अर्थ-राहित्य अर्थात् अर्थ से रिक्तता का बोध। कुछ लोग सीधे-सीधे इसके लिए कहेंगे कि अरे यार कहाँ-किस उलझन में फँस गए हो 'निरर्थक' कहो न। लेकिन मेरे दोस्त, निरर्थक भी तो कुछ नहीं होता! सब कुछ में अर्थ है। लेकिन फ़िलहाल वह मेरे लिए नहीं है, मेरे काम का नहीं है, मेरा हेतु नहीं है, मेरा हितु नहीं है शायद इसीलिए मुझे उसमें अर्थ नहीं जान पड़ रहा। दरअस्ल अर्थ तो जो ग्रहण कर ले, कर सके उसका है। वह तो ग्राहक से बँधा है। अर्थ का नाता तो भोक्ता के साथ है। अर्थ को अपने से जोड़ने की कितनी शक्ति और कितना सामर्थ्य और कितनी सम्भावनाएँ हमारे भीतर हैं इसी से तो अर्थ को दीप्ति और आयाम मिलेगा। जब भोक्ता या ग्राहक इस मुक़ाम पर पहुँच जाता है ठीक यहीं से एक राह और फूटती है जो हमें अर्थातीत के अगम समुद्र की ओर ले जाती है जहाँ सारी आकांक्षा और समस्त विकार तिरोहित होकर अव्यय बन जाते हैं।

कला के लिए प्रायः एक आदि कौशल चाहिए जिससे उसमें चमत्कारिक योग की सृष्टि सम्भव होती है। लेकिन कला में प्रवृत्त होने का यह केवल आदि या

आरम्भिक चरण ही है। इसी से विस्मय जागता है। इसे कला के बीज-रूप में भी देखा जा सकता है। इसी आदि कौशल का विशिष्ट रूप एक पद्धति के रूप में जब विकसित हो जाता है तब वह कलाकार या कवि की अपनी शैली (स्टाइल जिसे भारतीय काव्यशास्त्र में रीति, मार्ग या प्रवृत्ति आदि नाम दिया गया है) बन जाती है उसका अपना मुहावरा (इडियम), अपनी बोली, बन जाता है। औरों से अलग वह अपनी एक (इसी कारण निजी और विशिष्ट भी) आवाज़ पा जाता है। यहीं से वह एक 'ब्रांड' या 'ब्रांड नेम' में तब्दील होना शुरू होता है। यही उसकी पहचान और उसकी अस्मिता का चरण है। लेकिन जब वह इस विकसित पद्धति के आधार पर कला को एक तंत्र के रूप में एक फ़ार्मूले के तहत उसे अपनाता जाता है तब कला 'प्रोडक्शन' (उत्पादन) में ढलने लगती है और वह बाज़ार के व्याकरण से अनुशासित होने लगती है। फिर, कला का आचरण बाज़ार निर्धारित करने लगता है। यहाँ इस बिन्दु पर आकर कलाकार की अस्मिता पर, उसके आइने पर बाज़ार की धूल छाकर उसके अवचेतन में धड़कते लय-स्पन्दन को अवरुद्ध कर देती है और आत्म की शुभ्रता का प्रकाश तंत्र-जाल में फँसकर रह जाता है—तंत्र में यह फँसना अपनी बनाई हुई समानान्तर दुनिया में निरनतर संघर्ष से विमुख होना है और साथ ही उस संघर्ष से प्राप्त प्रतिफल—आनन्द का उपभोग—में ही अपने को डुबोकर अपने कलाकार और कला-कर्म की इतिश्री समझ लेना है।

मगर फिर भी, कला की अपनी एक शैली या पद्धति तो एक कलाकार-कवि को विकसित करनी ही पड़ती है; लेकिन उसे (कला को) तंत्र बनने से हमेशा बचाना चाहिए। तंत्र कला का क्षरण है। क्योंकि तंत्र में उसका अपना वैशिष्ट्य अभ्यास से पाए हुए एक गुर में, एक फ़ार्मूले में बदल जाता है। और कला में गुर पिष्ट-पेषण करते हैं जिससे सृष्टि-भाव या सृष्टि करने का आनन्द नहीं मिलता।

कभी-कभी कहने के बाद ऐसा लगता है कि नहीं कहता तो अच्छा था। जो कहा गया दर्द के एवज़ में, वह कहने से कहीं और ज़्यादा अनकहा हो गया। बल्कि अनकहा हो जाता तो एक तरह से अच्छा होता। मगर यह तो 'अनकहा हो गया' नहीं अनकहा-सा रह गया। जो उमड़न थी, दर्द था, उदासी थी कहने से जो एक अर्थ पाती, पहले से ज़्यादा वह बड़ी होती, घनीभूत दर्द की सच्चाई से वह और

दीप्त होकर दूसरे के मन में भीतर ही भीतर अभिव्यंजित होती–चाहा तो था कि ये जो उदासी के जितने रूप हैं जो अब तक अव्यक्त, अनकहे चले आए हैं उन्हें व्यक्त करके मैं मुक्त हो जाऊँगा। लेकिन यह कहना तो अनकहने से ज़्यादा भारी पड़ गया। इस कहने ने मेरे दर्द को ओछा और छूछा बनाकर छोड़ दिया। इससे तो अच्छा था मैं बयान करने के बजाय बस सामने जाकर चुप रहता या उसके पूछने की ज़िद करने पर बस रो पड़ता। शायद वह रुलाई बहुत कुछ कह देती और उस दर्द की भी रक्षा हो जाती–

रोने से और इश्क़ में बेबाक़ हो गए
धोये गए हम ऐसे कि बस पाक हो गए

'मैं कहता सुलझावन हारी' कहता-कहता तो कबीर चला गया। दुनिया कभी सुलझी है। आज तक तो सुलझी नहीं। यार के गेसू थोड़े ही हैं जो सँवर जाएँगे। और फिर वह भी कौन इतना आसान काम है।

'बड़ा मुश्किल है दुनिया का सँवरना
तेरी ज़ुल्फ़ों का पेचो-ख़म नहीं है।'

'अदम' बावला थोड़े ही था जो कह गया। वह जान गया था कि कबीर के कहने से कुछ होने जाने-वाला नहीं है। जब यहाँ कबीर के बाप-दादा कुछ न कर पाए...। ये झगड़ा तो यूँ ही चलता रहेगा जब तक दुनिया है। झगड़ा सुलझ गया तो फिर दुनिया में रह क्या गया। फिर बचेगा क्या...समझो फिर दुनिया ही ख़त्म। मगर ख़त्म तो हमें होना है। हमारे ख़त्म होते रहने में ही तो संसार की नित्यता है...दुनिया का कारोबार ही हमारे ख़त्म होते रहने मगर साथ-ही-साथ हमारा झगड़ा न ख़त्म होने में है।

आख़िर कबीर को कहना ही पड़ा न–'झगड़ा एक निबेरहू राम।'

जिये हुए ख़ालीपन को ही जीता हूँ जैसे बार-बार। ख़ाली हो-होकर। इन्हीं दिनों...दिन के इन्हीं क्षणों में तो जीवन को इतने क़रीब से छूता हूँ जितना अपने आप को भी नहीं छुआ कभी, हाथों ने हाथ को भी नहीं। वक़्त का परिन्दा उड़ना भूल गया है।...या फिर नियति ने उसके पंख क़तर दिए। तमाम दरिया ठहरे हुए

हैं और आसमान का रंग उड़ गया है। तीसरे पहर की जाती हुई धूप।...सब कुछ को एक अजब वीरानेपन से मढ़ता जाता ओप...और एक अनदीखा मगर बेटूट सन्नाटे के भँवर से हर क़दम घिरता जाता मैं...और...मेरा वजूद! दर्द का एक सैलाब था। मुझे छूकर गुज़र गया...अब साहिल दिखाई दे रहा है आँखों में। और अब तट पर खड़ा हूँ आँखों में लिए उस दुख की तसवीर और दर्द का बेआवाज़ ख़ामोश नग़मा दिल में लिए।

कई दिन कि याद नहीं कितने बीते
यही सोचते बीते कई दिन तुम्हें याद करते
मैंने तुम्हें पुकारा पर सिर्फ़ अँधेरे ने ही सुना तब रात थी
मैंने तुम्हें पुकारा पर सिर्फ़ छायाओं ने ही सुना तब दोपहर थी
हर दिन तुम्हें लिखा एक सन्देश
हर दिन मैंने लिखा तुम्हारा सन्देश अपने लिए
पुल से फेंकता मैं उसे नदी की हरी धारा में
एक दिन वह बादल बनेगा
और बरसेगा
उम्मीद है यह नहीं हमारी मुलाक़ात अन्तिम
कुछ देर और कर लूँ इन्तज़ार
कहीं ग़लत ना लिख दिया हो डायरी में समय
जगह ग़लत हो
क्या तुम सड़क के उस पार हो
हैलो तुम्हारी आवाज़ सुनाई नहीं देती
क्या तुम मुझे सुन सकती हो।

(धूप के अँधेरे में, पृ. 52)

न सुनाई देने वाला वो नग़मा मेरा है। मेरा और सिर्फ़ मेरा है। मेरी ख़ामोशी का है। वो मेरी ख़ामोशी का दिया हुआ तोहफ़ा हैं, अनमोल। लेकिन जाते हुए उसने कहा–यह फ़क़त तुम्हारे लिए ही है। इसे तुम ही गाना और तुम ही सुनना। अपने में बसी हुई ख़ामोशी को ख़ुद मैं ही देखता हूँ...मैं ही गाता हूँ उसमें। और सुनता भी मैं ही हूँ उसे! दूसरा है भी कौन। और कोई होगा भी तो क्या कहेगा। दुनिया सुनेगी तो हँसेगी–उसकी यह हँसी ही तो तुम्हारे वजूद की अलामत होगी। उसकी

हँसी में तुम्हारे दर्द के मानी पैदा होंगे। मुझे फ़क़त उस दिन का इन्तज़ार है जब वह हँसी, दर्द का साज़ बन फिर से नग़मे में ढल जाएगी।

प्रेमचन्द की कहानी 'कफ़न' पढ़कर एकाएक कहानी के शीर्षक ने रोक लिया और उसने एक सवाल किया जिसके उत्तर में सूझा किसका कफ़न? यह सूझना तो जैसे ख़ुद अपने ही से सवाल पूछना था। किसका कफ़न : बुधिया का...चमारों का...या चमारों के कुनबे का...या फिर गाँववालों का–किसका कफ़न! फिर जैसे सूझा–कहीं जाति व्यवस्था के कफ़न की बात तो नहीं कर रहे प्रेमचन्द? फिर जैसे अचानक बिजली-सी कौंध गई और कहीं से आवाज़ आई–"कहीं समाज व्यवस्था का कफ़न तो नहीं...भारतीय संस्कृति का कफन...?" इस आवाज़ को मैंने सुन तो लिया लेकिन पचा नहीं सका और अब इतना सहमा हुआ हूँ अपने ही भीतर कि किसी और से क्या कहूँ!

जिसने यह कहानी लिखी उसने इस आवाज़ को अपने भीतर कैसे सुना होगा और सुनने के बाद पचाया कैसे होगा; हैफ़ है! ऐसी महानता पर रश्क होना चाहिए हमें! लेकिन हम और हमारा समाज तो इतना ओछा है, इतना बौना है कि वह रश्क करने लायक़ भी नहीं है। रश्क तो वह क़ौम करती है जो अपने से बड़े की महानता को भीतर से स्वीकार एवं आत्मसात करते हुए एक ओप देती है।

(ख़ुद से कही गई एक बात) अब कुँवर जी के लिए,

कुँवर नारायण का कहानी संग्रह 'आकारों के आसपास' पढ़ा। कहानियाँ पढ़कर मैं चमत्कृत हूँ। अब तक इन कहानियों पर मेरी नज़र क्यों नहीं गई! उनके कवि रूप से मैं परिचित रहा हूँ अपने विद्यार्थी काल से ही। याद आता है उनके किसी कविता संग्रह का आवरण भी बनाया है (था), ख़ैर! इस कहानी संग्रह का नाम भी सुनता आया हूँ पर फिर भी पता नहीं पढ़ने की ज़हमत क्यों नहीं उठाई।

यहाँ सोफ़िया में आकर उनका यह संग्रह मुझे भारतीय दूतावास के पुस्तकालय से मिला। मैं लेकर चला आया अपने द्रुज़्बा वाले घर पर और एक-एक कहानी को इस तरह पढ़ता रहा जैसे किसी अच्छी मिठाई को ख़त्म हो जाने के डर से कोई (बच्चा) इसे रोज़ थोड़ा-थोड़ा लेकिन बहुत स्वाद लेकर खाए। आज

इस संग्रह की 'अफ़सर' कहानी पढ़ी—जो पढ़ने के मेरे अपने क्रम में आज आख़िरी थी—पढ़कर आज की सुबह पर और अपने आप पर और अपने वतन पर नाज़ हुआ कि ऐसे-ऐसे कहानीकार-रचनाकार, सर्जक भी हमारे भारत में हैं...मैं अवाक् रह गया हूँ उनकी सर्जक प्रतिभा के सम्मुख। कहानी विधा को जैसे एक मोड़ देती हुई-सी ये कहानियाँ...वर्तमान परिदृश्य को एक विडम्बनामूलक स्वर के साथ और लगभग अनअलंकृत अन्दाज़ में, मगर फिर भी एक सादगी का गहना लिए हुए। दुख है तो केवल इसका कि ये कहानियाँ पहली बार 1973 में छपी और मैं अब तक इनसे महरुम रहा आया।

दरअस्ल; इन कहानियों को पढ़कर इन्तिहाई ख़ुशी के साथ-साथ मैं इतना चमत्कृत था कि अचानक (मेरे मुँह से) यह जुमला बेसाख़्ता मेरी ज़बान पर आ गया : ये कहानियाँ...जैसे मलबे में दबी ज़िन्दा लाशें...जो देर से ही सही मलबा हटाने पर उठ खड़ी हुई हों और उनके इस ग़ैबी अन्दाज़ और कुछ-कुछ कामिलाना रवय्ये से कोई बेहद हैरतज़दा होकर रह जाये!

कहानी : अतीत की कोख में पलता हुआ भविष्य का कौतूहल-शिशु। और वर्तमान—वर्तमान तो जन्मा नहीं कि मरा नहीं, बस!

इसलिए कहानी और अन्य कलाएँ (कला-रूप) भी अपने उत्कृष्ट रूप को शायद तभी पाती हैं जब वे इस वर्तमान को सोखकर...अवशोषित कर उसे एक अलग अर्थवत्ता, एक नया आयाम दे जाती हैं। इसी से फिर वह निरा वर्तमान न रहकर एक चिर समय में गूँजने वाला आलोक सत्य...या काल के सागर में दौड़ती लहर का एक स्थिर चित्र; जो अपनी कौंध में भूत को भविष्य से मिलाता हुआ एक सम्पृक्त रूप...।

दुनिया की तमाम ख़ूबसूरती कविताओं के लिए छोड़ दो।

तुम अपनी ग़रीबी मुझे देकर
मेरे शब्दों के तारों से अपना जिस्म ढाँप लो
तुम्हारे दिल को भी जिस दर्द का पता नहीं है

तुम अपना वह अनोखा दर्द मुझे दे दो
फिर एवज़ में मुझसे वो तसवीर ले जाना मुहब्बत की
जो हर पर्दे में उरिया निकलती है
तुम मुझे वो हूक दे देना
मन्द्र से तार षड्ज तक जिसमें तुम्हारी देह आन्दोलित रहती है
फिर मुझसे वो नग़मा ले जाना
जो इस ज़मीं से लेकर सातों आसमान में गूँजता है दिन-रात

नासमझ में आने से ज़िन्दगी कविता बनती जाती है।

'विवेक के रंग'—क्या ख़ूब नाम है! यानी आलोचना की किताब का नाम भी कितना काव्यात्मक हो सकता है...कितना अर्थवान! वाह नामवर जी!!

सौन्दर्य किसी का नहीं होता। उसकी प्रकृति सार्वभौम है—जो धारण कर सके वह उसी का है। सौन्दर्य को जो समा (समो) सके जितना, उतना वह उसका है।...सौन्दर्य को धारण करना, उसके साहचर्य में रहना सबके बूते की बात नहीं। सौन्दर्य को धारण करना सामर्थ्य की बात है। जैसे कोई फूल के रंग पर आसक्त है तो कोई तेल निकालने के लिए उसके बीज पर दृष्टि जमाए है, कोई फूल की भीनी सुगन्ध में सब कुछ भुलाए हुए है तो कोई अपनी सुध बिसराए, मुग्ध नेत्रों से उसकी शोभा, उसकी छवि निहारने में अपना जीवन धन्य समझता है। अखंड-आद्यन्त वह किसको मिलता है।

सौन्दर्य का उपभोगः अपना-अपना बूता है, बल है...अपने-अपने सामर्थ्य की बात है। सौन्दर्य प्रकाश है...दिव्य प्रकाश। प्रकृति का दिया हुआ अनूठा वरदान। उसकी एक किरण अपने में समोने की अपने में धारण करने की सामर्थ्य पैदा कर!

ऋतुओं के प्रति जैसा आग्रह (मोह भी कह सकते हैं या उछाह भी...) निराला के काव्य में मिलता है या उनके समकालीन पन्त में भी और बहुत कुछ प्रसाद जी में भी (यद्यपि वैसा नहीं जैसा निराला में...फिर भी), और उसके बाद नई कविता और प्रगतिशील कविता में शायद सबसे ज़्यादा त्रिलोचन के यहाँ या फिर नागार्जुन केदारनाथ अग्रवाल या फिर अज्ञेय में (अपने किंचित् रूप में)। वैसा आग्रह शमशेर के काव्य में दिखाई नहीं पड़ता। और शायद मुक्तिबोध के काव्य-संसार में भी नहीं दीखता। आख़िर बात क्या है। क्या इसके पीछे लोक-संवेदना का अभाव तो नहीं है कहीं। यह पता लगाना कुछ दिलचस्प जान पड़ता है।

शमशेर ही अकेले ऐसे कवि हैं प्रगतिशील काव्यधारा के कवियों में जिनकी कविता में रंगों का महत्त्व इस क़दर है कि बहुधा उनकी काव्य संवेदना की निर्मिति में रंगों की एक बड़ी भूमिका दिखाई पड़ती है। उनके यहाँ रंग, महज़ रंग न होकर भाव-स्थितियों, स्थिति और आकाँक्षा के द्वैत से निर्मित कल्पना में घिरे आलोक-अमूर्तन हैं जो काव्य-संवेदना के तन्तुओं को आलोकित करने के साथ-साथ उसक अनछुए आयाम में भी कौंधने लगते हैं।

मुश्किल हर तरह है, दोनों तरफ़ है चाहे वह उघड़ा हुआ हो या फिर वह ढका-छिपा भीतर। अब खुले-उघड़े हुए रूप (अरूप भी!) में क्या देखें क्योंकि जब वह है ही आँखों के सम्मुख, एकदम प्रत्यक्ष, बिलकुल उघड़ा हुआ—चाहे वह प्रकृति का कोई रम्य स्थल या सुषमा हो या फिर किसी यौवना का कटि-जंघा प्रदेश या फिर आँखों के सामने बहती नदी या फिर कविता की कोई सहज सरल और स्वयं स्पष्ट पंक्ति—यह जो इतना निरावरण इतना प्रत्यक्ष और इतना मूर्त है अब इसमें क्या देखें? जो स्वयं में ही इतना दृश्यमान है। कभी-कभी यह जो रूप की इस क़दर अर्थात् आत्यन्तिक दृश्यमानता है वही हमारे देखने, ग्राह्यता बोध में अवरोध बन जाती है। सब कुछ इस सौन्दर्य में इतना खुला है अब इसमें क्या देखें...और क्या खोजें। और कभी-कभी कोई निर्मिति, कोई संरचना कोई रूप अपने में इतना सघन, अमूर्त, प्रच्छन्न, ढका-छिपा और आन्तरिक होता

है कि एक दूसरे संकट से गुज़रते हैं कि अब इसमें कैसे और कहाँ से प्रवेश किया जाए। इसके रहस्य को भेदने के लिए कहाँ से सेंध लगाई जाए जिससे उसके भीतर का रूप उसके भीतर का सच हम छू सके। उस एक सच को उसकी समग्रता में हस्तगत कर पाना अपने आप में उपलब्धि है। मुझे इस समय अचानक त्रिलोचन और शमशेर जी की याद आ रही है और वह भी इसी सन्दर्भ में। त्रिलोचन की कविता अपनी स्पष्टता लिये हुए सादगी में ऐसी ही अनावृत्त कविता है जो नदी के प्रत्यक्ष सौन्दर्य के समान आपकी आँखों के सम्मुख निरन्तर प्रवाहमान है (सब कुछ आपकी आँखों के सामने एक खुला हुआ निर्बन्ध फिर भी मर्म पकड़ना-छूना इतना सरल-सहज नहीं) और दूसरी तरफ़ शमशेर है अपनी काव्य निर्मिति में इतने सघन, इतने गझिन, इतने आवृत...ढँके-दबे गहरे कि (उनकी संरचना का) पार पाना भी मुश्किल है। एक तरफ़ मुश्किल यह ढूँढना है कि इस कविता (त्रिलोचन की कविता) में कविता कहाँ है और दूसरी ओर यह जानना मुश्किल कि आख़िर इसके भीतर गुह्य जो रूप-सौन्दर्य समाया है वह है क्या!

मुश्किल दोनों तरफ़ है—चाहे वह दीख पड़ने वाला (यानी जिसमें देखने की और गुंजाइश न हो) कला-रूप या सौन्दर्य हो, चाहे वह अनदीखा, न दिखाई देने वाला सौन्दर्य, कला-रूप हो। इससे भी आगे समस्या तो उस ललक भरी जिज्ञासा अथवा उस प्यास की है जो 'रूप' की निरन्तर खोज में है—चिर अखंड सौन्दर्य की रूप तृषा। एक अनबुझ प्यास—आँखों की...मन की...बुद्धि की...और न जाने किस-किस की।

एक कवि होने के नाते ही नहीं बल्कि उससे भी पहले, और बहुत पहले, मनुष्य होने के नाते मैं अपनी कविता में ख़ुद के जीने-मरने की भाषा खोजता हूँ। भाषा के इसी जीने-मरने में मिट-मिटकर बनता हूँ और पहले से ज़्यादा अपने को... अपने आपको और उस सब कुछ को पहचानता जाता हूँ जिनके योग से मैं बनता आया हूँ।

मिट-मिटकर यह मेरा बनना भाषा में कुछ अँटने के बावजूद अन्ततः भाषा से परे ही रह जाता है। मेरे अस्तित्व का यह भाषातीत होते जाना ही है जो मुझे कभी सम्पूर्णतर नहीं होने देता। इस 'नहीं होने देने' से ही (और 'नहीं होने देने में' भी) मैं बार-बार रचा जाता हूँ। सहेजा जाता हूँ। अस्तु; सम्पूर्णतर होने का

आसन्न अनुभव क्या अपने आप में कम है। मेरे निकट सम्पूर्णतर होते हुए आसन्न अनुभव का वह कौंधता क्षण ही तोषप्रद है...आनन्ददायी है!

ज्ञान का आकस्मिक विस्फोट हर किसी से कहाँ सँभलता है—वह अपने सम्मोहन भरे आतंक से आपको वशीभूत कर देखने-सुनने, सोचने-समझने से वंचित कर देता है। यहाँ तक कि वह आपको अपनी लपेट, अपनी गुंजलक से अन्धा-गूँगा-बहरा सब कुछ बना सकता है। वह ज्ञान की मूर्छा है।

ज्ञान पाना ही नहीं होता बल्कि सर्वथा उसका सन्तुलन भरा विवेकवान आचरण भी उतना ही आवश्यक है। कदाचित् आचरण अधिक विवेक की माँग करता है।

...आँख खुली तो देखा बारिश हो रही है। मैं जाग गया हूँ लेकिन अभी रात नहीं जागी। उसकी अलस कमनीयता से धीरे-धीरे भोर का उजास फूटेगा।...उजास क्या आस की किरण फूटेगी।

अभी सुबह नहीं हुई है। और मैं पर्दा हटाता हूँ, फिर काँच के दरवाज़ों से बाहर की ओर स्ट्रीट लाइट के गोल-गोल छोटे लट्टुओं से मद्धिम लेकिन संयत आलोक झर रहा है। वस्तुतः मैं इस 'झरना' क्रिया से बचना चाहता हूँ। दरअस्ल झर रहा है यह कहना भी तो 'आलोक' को चले आ रहे पिटे-पिटाए भाषा के खोल में बन्द करना ही होगा। 'आलोक बिख़र रहा है' कहूँ...फिर सोचता हूँ, 'खंडित हो रहा है' कहूँ...फिर एकाएक एक और क्रिया-पद सूझता है—'आलोक बह रहा है'। लेकिन कुछ ही क्षणों में इन सभी पदों का प्रकाश बुझ जाता है क्योंकि बाहर सब कुछ गतिहीन है। स्तब्ध...निर्वात...निश्चेष्ट...! निस्पन्द और निष्कम्प...!

सब कुछ थिर...। जस का तस...मगर फिर भी अदृश्य गतियों से आबद्ध... चल-भावों में अन्तःस्थ और इस तरह सब कुछ में प्रकृतिस्थ। एक अदृश्य और अन्तर्निहित लय में व्याप्ति का बोध केवल बना हुआ है। बालकनी की काँच वाली खिड़कियों के भी पार बारिश हो रही है। बारिश हो रही है मगर बेआवाज़। आवाज़ तो आवाज़ बारिश की बूँदों का गिरना भी कहाँ दिखाई दे रहा है!

अजब है न सुनाई देता है न दिखाई देता है। फिर मैं कैसे कह सकता हूँ कि बारिश हो रही है और कैसे कह सकता हूँ कि सुबह नहीं हुई है।

बारिश हो रही है यह तो दरअस्ल तब जाना जब मेरी निगाह वहाँ-वहाँ गई जहाँ-जहाँ स्ट्रीट लाइट से होनेवाली अपेक्षाकृत सघन रोशनी की एक सपाट सीध सड़क को छू रही थी। बस उतनी ही कुछ दूरी में बूँदों का चमक कर झर जाने से बारिश का बोध हो रहा था।

और आवाज़...अभी भी नहीं सुन पा रहा हूँ। सिर्फ़ एक अहसास और अनुमान है कि जब बारिश हो रही है तो आवाज़ भी होगी ही। यह होने का अहसास चेतना के भीतर बस एक हलकी-सी गूँज ही में समाया हुआ है। दरअस्ल सृष्टि में होना और सब कुछ का होना इतने सहकालिक भाव से और नैसर्गिक रूप से होता है कि उसको चीन्ह पाने का सामर्थ्य हमारे ऐन्द्रिय संवेदन से परे जान पड़ता है। हमारी चेतना और हमारे बोध की बनावट ही कुछ ऐसी है कि सृष्टि में घटित हो रहे समस्त व्यापार को हम एक संपुजित संघट्ट रूप में ग्रहण नहीं कर पाते। उस पूरे व्यापार में हमारी चेतना एक अनुक्रम चाहती है; वह पूर्वापर क्रम में ग्रहण करने की सीमा से बँधी है। चेतना पहले-पीछे, ऊपर-नीचे की डोर से बँधी है। लेकिन यह पूर्वापर और अपरापर का बोध ही तो चेतना की डोर में गाँठ लगा देता है।–डोर तो है लेकिन गाँठदार। हमारी चेतना की डोर में यही गाँठें तो बोध के जलते हुए, टिमटिमाते हुए दीये हैं जो भौतिक प्रकाश फैलाते हैं।

ये जाती हुई जनवरी के दिन हैं। पिछले हफ़्ते तक सारा सोफ़िया बर्फ़ से ढँका हुआ था। चलते-फिरते लोग मानो व्हाइट, सुपर व्हाइट बैक ग्राउन्ड में भूरे-ब्राउन, ग्रे-नीले और ब्लैक कटआउट धीमी गति से सरकते हुए स्वचालित खिलौने हों। इन सबको देखकर कभी-कभी मन में एकाएक यह क्यों उठता है कि अचानक ये स्वचालित खिलौने चाबी ख़त्म होने से एकाएक रुक जाएँगे। और जैसे कभी-कभी नाटक के बीच ही में जगमगाती तेज़ रोशनी की धार में सारे पात्र जस-के-तस अचानक अपनी भंगिमाओं में ठहर जाते हैं–'स्टिल लाइफ़' से। यूँ चलते-चलते सहसा सृष्टि के थम जाने का अहसास कैसा लगता है। भयभीत कर देने वाला नहीं। भयभीत से ज़्यादा अवाक् कर देने वाला एक क्षण!...और विस्मय से भरा लेकिन अवरुद्ध। एक अनोखा अनुभव।

अब पृष्ठभूमि की धवलता धीरे-धीरे पिघल गई है, गोया आसमान का अहम् पिघलकर तिरोहित हो गया हो और यंत्रवत् गति से लोग जो अभी तक खिलौनों की तरह से सरक रहे थे फ़िलहाल पार्श्वभूमि से निकल रंगमंच के अग्रभाग में

टहल रहे हैं। हालाँकि खिलौने तो वे अभी भी हैं। लेकिन इन खिलौनों की भी अपनी एक दुनिया है जो उनके अपने चलानेवाले मालिकों की इच्छा रूपी चाबी से कुछ मुक्त दिखाई देती है। इसी अर्थ में पिछलेवाले खिलौनों से ये खिलौने अपेक्षाकृत अधिक समर्थ और इनका संसार अधिक स्वायत्त है।

जलते-बुझते विज्ञापनों के बड़े-बड़े न्यून साइन गोया आकाश में जगमगाते-दिपते नक्षत्र हों जो इन खिलौनों की नियति पर मन-ही-मन मुस्कुराते हुए अपने भाग्य पर इठला रहे हों।

अरधान जैसी तीव्र भावावेग से उद्‌भूत कल्पना! कल्पना से बड़ा धन एक कवि के पास क्या होता होगा! 'आतश' ने भी क्या ख़ूब कहा है–'फ़िक्रे-रंगीं काम उस पर करती है परवाज़ का।' यह 'फ़िक्रे-रंगीं' ही तो कल्पना है बल्कि कहिए रचनात्मक कल्पना है। फिर भी निरी कल्पना या कोरी कल्पना ही से तो काम नहीं चलता। क्योंकि धन तो और भी कई तरह के होते हैं न–

"गो धन, गज धन बाज धन और रतन धन खान
जब आवै सन्तोष धन सब धन धूरि समान"

कवि कल्पना का पथिक है। कल्पना पथ ही है जो अगम के द्वार तक पहुँचता है, अगम की चौखट छू आता है, अगम के भुवन में प्रवेश करता है।

निराला ने तो कविता को 'कल्पना के कानन की रानी' तक कह दिया। कहा क्या माना ही है ख़ुद। 'कल्पना के कानन की रानी'—यानी कल्पना का एक जंगल (ज़्यादा-से-ज़्यादा 'घर') है जिसकी रानी कविता है। मतलब क्या निकला। मतलब यह हुआ कि कविता कल्पना के जंगल (या कल्पना रूपी जंगल/वन) की रानी है। निराला जी ने उसे (कविता को) रानी भी बनाया तो कल्पना के कानन की। प्रकारान्तर से जीवन की रानी भी! इसी प्रक्रिया में तो छायावादी कवि की कल्पना और उसके जीवन-रहस्य को एक नया आयाम मिलता है।

अभी तो सुबह अँधेरे की ही गहरी तहों में लिपटी हुई है। अँधेरे से बाहर आने में दिन को अभी देर लगेगी।...पिछले दो-तीन दिन से तीसरा सप्तक पढ़ रहा हूँ।

आज की सुबह कुँवर नारायण से हुई है। हालाँकि यह कहना ठीक नहीं है क्योंकि कुँवर जी की कविताओं को शुरू करने से पहले केदार जी की कविताओं (जो कल सुबह से पढ़नी शुरू की थीं) को ख़त्म किया और कुँवर जी की कविताओं से पहले उनका दिया हुआ 'परिचय' और 'वक्तव्य' पढ़ ही रहा था कि झपकी-सी आ गई। किताब हाथ में ही है और फ़ोटो खींचने वाला मुझसे कह रहा है (जाने कौन है वह...चेहरा नहीं है, यह भी क्या कहूँ कि शक्ल दिखाई नहीं दे रही)—डॉक्टर साहब, ज़रा-सा इधर...इधर, इधर देखने या चेहरे को कुछ इधर करने के लिए कह रहा है। उसके इस कहने को सुनकर मैं जैसे ही गर्दन घुमाकर चेहरे को 'इधर' करता हूँ कि एकाएक आँख खुल जाती हैं। तब वह कहा गया, बोला हुआ फिर सुने गए में गूँजता रहा मुझमें...ज़रा-सा इधर!

प्रतीक और बिम्ब भी दर्द की (या कहें कि कथ्य की) गहराई की प्रतीति कराने के लिए चुने जाते हैं। दूसरा, कथ्य की प्रकृति पर ठीक-ठीक उँगली रखने और दूसरे को उस दर्द की अनुभूति में उसी रूप और उसी आवेगमयी उमड़न के साथ सहभोक्ता बनाने का साधन भी है।

प्रतीक का सही चुनाव और उसका निर्वाह दोनों ही आगा-पीछा सोचकर और सधे हुए हाथों से होना चाहिए। दोनों में से यदि कहीं एक में भी चूक हुई तो सारी कविता-कहानी पहेली बनकर रह जाएगी या ज़्यादा-से-ज़्यादा समय से परे की उधेड़-बुन।

जिसे मैंने ऊपर प्रतीकों का निर्वाह कहा वही दरअस्ल वस्तु को खोलता है। वस्तु को कुछ ऐसा ही समझो जैसे फूल की पंखुरियाँ न दिखाई देने वाली मन्थर गति से ख़ुद-ब-ख़ुद खुलती जाती हैं जो चेतना की 'कैमरीली आँख' को क्लोज़अप के साथ स्लोमोशन और फिर फ्रीज़शॉट के द्वारा ही दिखाई देता है। इसके निर्वाह में घटनाओं का क्रम यानी आदि से अन्त तक घटना व्यापार, और उस से सम्बद्ध समस्त गतियाँ और सजीव या निर्जीव चरित्र और पार्श्वभूमि और पार्श्वभूमि में रखा गया एक नुक़्ता भी—जो कुछ भी है—भाषा की तकनीक के जरिए उसका पूर्वापर क्रम का होना प्रतीकों का सही अर्थ दिशा की ओर उन्मुख होना है। यह पूर्वापरता का क्रम कहानी कहने की कला में बेहद महत्त्व रखता है। कविता इस पूर्वापरवाले अनुक्रम के विचलन को एक बार फिर भी सँभाल लेती है। क्योंकि कहानी में घटनाओं, गतियों, पात्रों की मानसिक बुनावट और उनके हर एक्ट की

एक बिसात बिछानी पड़ती है। फिर कहानीकार बिछाई गई बिसात पर रखे गए मोहरों को बाज़ी चलवाता है, अपने लक्ष्य-सिद्धि को ध्यान में रखकर। और जब कहानीकार चालें चल रहा होता है तो यह सोचकर चल रहा होता है कि सामनेवाला (यानी पाठक समाज) भी मेरी चली हुई चाल को समझ रहा होगा, मेरी चाल की काट भी उसके पास मौजूद होगी—शह-मात का खेल कहानीकार के मन में कहानी की रचना प्रक्रिया और उसकी सम्प्रेषणीयता से जुड़ा हुआ व्यापार है।

इस पहले और पीछे के चक्कर में शब्द और वाक्य-विन्यास से लेकर भाषिक विन्यास और शिल्प-तकनीक की बहुत बड़ी भूमिका है।

रही बात प्रतीकों के चुनाव की। यह उसके निर्वाह से भी ज़्यादा सँभलकर करनेवाला काम है। प्रतीकों का चुनाव बहुत सावधानी माँगता है।

प्रतीक सृष्टि क्या है और उसकी चयन-दृष्टि कैसी हो—यह अलग से गहन पड़ताल का विषय है।

आधुनिक हिन्दी कविता में क्लिष्ट काव्य को लक्ष्य करते हुए 'विशाल भारत' के सहकारी सम्पादक ब्रजमोहन वर्मा का एक लेख 'माधुरी' पत्रिका के 1931 के अप्रैल अंक में छपा। इस लेख का शीर्षक था—'उर्दू कविता में इस्लाह।' ब्रजमोहन वर्मा लिखते हैं—

"किसी प्रकार का नियंत्रण न रहने से आजकल तुकहीन और छन्दहीन कविता के साथ-साथ अर्थहीन क्लिष्ट काव्य का भी कुछ चलन-सा चल गया है। कुछ लोग कोरे शब्दों से भरी हुई अर्थहीन कविता को ही कला की पराकाष्ठा समझते हैं। कवि-सम्मेलनों में भी ऐसी रचनाएँ पढ़ी जाती हैं। कहते हैं कि एक बार एक मुशायरे में उर्दू के महाकवि ग़ालिब की मुश्किल से समझ में आने वाली कविता पर हकीम आग़ा जान ने यह क़िता पढ़ा था—

"अगर अपना कहा तुम आप ही समझे, तो क्या समझे,
मज़ा कहने का तब है, इक कहे, और दूसरा समझे।
कलामे-मीर समझे और ज़बाने-मीरज़ा समझे,
मगर इनका कहा यह आप समझें या ख़ुदा समझे।"

"कहते हैं कि इसके बाद ग़ालिब ने अपनी कविता सरल कर दी थी। परन्तु आजकल हमारे हिन्दी काव्य-जगत में अनेकों ऐसी रचनाएँ मिलेंगी, जिनके लेखक महोदय साभिमान कह सकते हैं—

'भला वह भी कोई कविता है, जिसको सुन लिया समझे,
नहीं है आर्ट कुछ उसमें, जिसे हर बेपढ़ा समझे,
वही कविता कलामय है, जिसे आलिम तो क्या समझे!
अगर सौ बार सर मारे, तो मुश्किल से .ख़ुदा समझे!''

इस पर द्विवेदी (म.प्र.) जी ने मुझे लिखा था–

''उस दिन चैत्र की 'माधुरी' की कापी मिली। लेख-सूची पढ़ी। उसमें एक लेख मिला–'उर्दू कविता में इस्लाह'। उसे पढ़ाकर सुना। बड़ी ख़ुशी हुई। लेख पसन्द आया। लेखक काव्य-मर्मज्ञ और बड़े ही सरस हृदय हैं। उन्होंने अपने एक मिसरे में खुदा के साथ रियायत की है। उनका-कहना है–

'अगर सौ बार सर मारे तो मुश्किल से खुदा समझे।'

मुझे यह अन्याय ख़ला है। मेरी राय में तो–

'अगर सौ साल सर मारे तो, शायद ही .ख़ुदा समझे।'

यदि वह लाइन इस तरह कही जाती, तो असलियत के ज़ियादह क़रीब पहुँच जाती।''

(उपर्युक्त उद्धरण 'द्विवेदी जी के साथ चार दिन' शीर्षक लेख से दिया गया है। पुस्तक का नाम 'संस्मरण' है, लेखक बनारसी दास चतुर्वेदी; प्रकाशक : भारतीय ज्ञानपीठ, काशी, द्वितीय संस्करण 1958)।

अब क्या कहूँ...। इसे पढ़कर कई सवाल ज़ेहन में उट्ठे और एक साथ उट्ठे। एक तो वो ग़ालिब वाली बात कि आग़ा जान के क़िता को सुनकर उन्होंने अपनी कविता सरल कर दी। हैफ़ है...फिर ब्रजमोहन वर्मा जी के क़िता पर नज़र जाती है तो उनके चार मिसरों में चार बातें समझ में आती हैं (ग़नीमत है समझ में तो आती हैं!) पहली, वह कविता कविता नहीं जो सुनने भर से या सुनते ही झट समझ में आ जाए। दूसरी यह कि जिसे हर बेपढ़ा समझ ले उसमें कुछ आर्ट नहीं होता। तीसरी यह कि कविता वही कलामय होती है जिसे समझना आलिम के बूते की भी बात नहीं और चौथी यह कि दरअस्ल कविता और कलामय कविता तो वही है जिसे आलिम तो क्या ख़ुदा भी अगर सौ बार सर मारे तो मुश्किल से समझे।

इस 'मुश्किल' पर ध्यान दीजिए। 'ख़ुदा की मुश्किल' पर नहीं मेरी मुश्किल पर। क्योंकि न मैं 'बेपढ़ा' हूँ...न मैं 'आलिम' हूँ और 'ख़ुदा' तो मैं हो ही कैसे सकता हूँ। बल्कि सच बात तो यह है कि मैं होना भी नहीं चाहता और ऐसा ख़ुदा तो बिल्कुल नहीं जिसे कविता में सौ-सौ बार सर मारना पड़े और कविता समझ में आने की फिर भी कोई गारंटी नहीं। भला ऐसा ख़ुदा किस काम का जो एक

अदना कवि की अदना सी कविता को बस में न कर सके। अब पता नहीं दोनों में अदना कौन है कवि या उसकी कविता या फिर दोनों ही—मुझे तो फ़िलहाल इन दोनों...से जो अलग वह तीसरा है वह ज़्यादा बड़ा अदना दिखाई दे रहा है। ख़ैर।

फिर इसके बाद मुझमें महावीर प्रसाद द्विवेदी जी की उस तरमीम ने सर उठाया जिसमें उन्होंने ब्रजमोहन से और दो क़दम आगे बढ़कर कह दिया कि ब्रजमोहन तुमने तो सौ बार सर मारने पर मुश्किल से ख़ुदा के समझ में आने की बात कही थी लेकिन मैं तो यहाँ तक कहता हूँ कि सौ बार नहीं सौ साल तक भी अगर सर मारे तो भी मुश्किल से नहीं बल्कि फिर भी शायद ही ख़ुदा की समझ में आए।

बेपढ़ा तो ख़ैर समझेगा क्या, जब आलिम न समझ सका यानी बेपढ़ा न समझे...आलिम न समझे...यानी जब ख़ुदा तक नहीं समझ सका तो आदमी क्या समझेगा।...ख़ाक। लेकिन वाह आचार्य जी 'शायद' लगाकर भी आपने क्या ख़ुद की समझ पर रहम कर दिखाया, वह उपकार किया है जो शायद इस सृष्टि में तो ख़ुदा भूलेगा नहीं तुम्हारा यह सुकृत्य...सत्कर्म। आपने भी ख़ूब ग्रेस दिया और वह भी किस सब्जैक्ट में दिया...आख़िर आचार्य जो ठहरे!

(इस पर कुछ और विचार करूँगा लेकिन बाद को)

फ़िलहाल जो बात इस क़त्आ को पढ़कर एकदम या पहले-पहल दिमाग़ में आई थी वह यह कि आचार्य जी की यही राय के सामने हम निराला की राम की शक्ति पूजा कविता के आरम्भ को रख दें तो!...तो क्या हो।...गुस्सा मत होइए मैं अपनी ओर से कुछ नहीं कह रहा। मैं 'सौ बार' की जगह 'सौ साल' वाली बात और 'मुश्किल से ख़ुदा समझे' की जगह 'शायद ही ख़ुदा समझे' वाली बात भी आपको याद दिलाना नहीं चाहता। केवल शिशु मन से वह जानने का लोभ संवरण नहीं कर पा रहा/या यह जानने को बाल मन मचल रहा है कि आचार्य जी '...शक्ति पूजा' के उस आरम्भ विशेष पर क्या कुछ कहते। (ध्यान में तो टैगोर वाला क़िस्सा भी आ रहा है कि कविता का अर्थ केवल अब ईश्वर ही जानता है पहले कवि भी जानता था।)

मुझे तो आग़ा जान का क़त्आ फिर ज़ेहन में कौंध रहा है। इस क़त्आ के चार मिसरो में भी चार बातें दिखाई पड़ती हैं। पहले में नसीहत, दूसरे में काव्य-सम्प्रेषण का आनन्द, तीसरे और चौथे में जन-सामान्य तक काव्य-सम्प्रेषित न होने के कारण—जो काव्य का प्राथमिक धर्म है उसके पूर्ण न होने पर व्यंग्य भरी फटकार है। और इन चार मिसरों में भी जो सार दिखाई देता है वह तो केवल इस दूसरे मिसरे में ही है—

'मज़ा कहने का तब है, इक कहे, और दूसरा समझे। हालाँकि मेरा यह आग्रह या दुराग्रह नहीं है कि जो मैं कह रहा हूँ आप भी वही समझें। लेकिन हाँ; इतना ज़रूर चाहता हूँ अपनी और आपकी दोनों की भलाई के लिए कि–'एक ने कही, दूसरे ने मानी, गुरु नानक कहे दोनों ज्ञानी।'

बोलियों में जो प्राण हैं और स्वाद (है) मिलता है उसके क्या कहने! भाषा की किसी चिकनाई में वह लज़्ज़त कहाँ। बोली में जैसे जी उमड़ा आता है...सारा का सारा। कवि श्रीधर पाठक जी की एक चिट्ठी पढ़कर मुझे उसमें लिखी हुई बोली का जो आनन्द मिला है वह अपने में अनोखा है। ज़्यादा न कहकर इतना ही कहता हूँ कि वह चिट्ठी आप भी बाँचो :

श्री प्रयाग
30-09-27

प्रियवर,

भौत दिनतें दस्सन पस्सन नाय भये! अब तो पिरोजाबाद ई रैतऔ? ऐमदावादु च्यों छोड़ि दयौ? इतमाऊँ हूँ कबऊँ आइबौ होगौ?

कबऊँ कबऊँ तो चिट्ठी डारि दैबौ करो? उतमाऊँ ऋतु तौ अच्छी होइगी–माँदगी तौ नाय फैली? अबकै पिराग में पानी अच्छी तरै नाय बस्सौ–

दसैरा मुआँ कैसौ है रहौ है? जल्दी लिखियौ–

श्री. पा.

(नोट : मूल में या पुस्तक में ('संस्मरण' : बनारसीदास चतुर्वेदी, पृ.28, भारतीय ज्ञानपीठ, काशी, दूसरा संस्करण 1958 से उद्धृत) 'अ' के स्थान पर पूर्व प्रचलित 'अ' ही लिखा हुआ है।)

'क़िस्मत' से 'कलियों' (तक) का फूट पड़ना :

'...क़िस्मत फूट गई' ये जुम्ला बारहा लोगों को कहते सुना है। क़िस्मत क्या मटकी थी, घड़िया थी...क्या थीं; जो फूट गई।

फूट : फूट पड़ जाना। फूट : फूट-फूट कर रोने लगा। फूट : अबे यार, अब कुछ फूट तो सही। फूट : गुरु अब यहाँ से तुम फूट लो। फूट : ऐसे क्या मार दिया जो सिर फूट गया। फूट : कलियाँ फूट रही थीं।

पढ़ने से पहले सुनना सीखो और फिर पढ़ो। और पढ़ने के बाद गुनना सीखो और फिर पढ़ो।...अब पढ़ो ना मेरा मुँह क्या देख रहे हो; पढ़ो। जिसका लिखा हुआ पढ़ रहे हो न वह ख़ुद-ब-ख़ुद बोल उठेगा तुम्हारे पढ़ने में।

जैसे ही मैं देखता हूँ...तुम्हें (या वस्तु को) देखता हूँ तुम मेरे लिए तुम न रहकर मेरे द्वारा देखा गया तुम मैं होने लगता है। अर्थात् जैसे ही मैं तुम्हें देखता हूँ मेरे भीतर एक वि-कृतिकरण...वितथीकरण की प्रक्रिया होने लगती है। इस प्रक्रिया की अवधि में और इस प्रक्रिया के सम्पन्न होने तक या बाद मुझे नहीं मालूम कि तुम्हारा 'तुम' कितना रह जाता है लेकिन मैं अपने बारे में निश्चित कह सकता हूँ कि मैं भी और मेरा 'मैं' भी वह नहीं रह जाता जो कि वह था। यह मेरा देखना तुम्हें तुमसे छीन लेने जैसा ही है। अब यह मेरा सामर्थ्य है कि मैं तुम्हारा क्या हरता हूँ और कितना कैसा हर पाता हूँ।

यह वितथीकरण की प्रक्रिया का व्यापार एक अखंड व्यापार है। लेकिन कहने की प्रक्रिया में उसे तार-तार होना पड़ता है, क्या करें दुनियावालों को मेरे उस देखने—जो मेरे द्वारा सोखा जा रहा है बल्कि उसके द्वारा मैं ही सोखा जा रहा हूँ—में ही उस वस्तु का रूप-विपर्यय हो चुका होता है। यह हो चुकने की अवधि निसर्ग का व्यापार है अतः वह अविभाज्य प्रायः है।

...कविता।—शब्दों का बोझ अभी ज़ियादह है।—सुन्दर शब्दों का बोझ! ऐसे शब्दों से जड़ी कविता में कवि अनुभव के दारिद्रय को ढोता हुआ ज़ियादह दिखाई देता है।

अनुभव का वह प्रापक क्षण कहाँ है जो अनुभव के प्राक्तन आकाश-जल में चेतना और चित्त का सम्पुंजित मेघ-पुंज बन द्रवीभूत एवं निर्भार हो अपने ही मन्द्र लय-संभार में स्पन्दित हो बरसने लगता है। कहाँ है वह अनुभव का प्राक्तन जल जिसमें हज़ारों-लाखों क्या करोड़ों बरस का सन्नाटा शब्द-मणियों में ढलकर दुर्निवार वेग से निर्झर-सा फूटता है। सब कुछ को एक प्रकृत लय में बाँधकर वही काव्य-आलोक अपनी उपस्थिति से हमें घेर-घेरकर भी सब कुछ को निश्शेष करता हुआ मुक्त करता जाता है। और; जितना ही अधिक हमें वह मुक्त करता जाता है हम उतना ही अपने भीतर किसी भव्य विराट से भरते हुए और और होते जाते हैं।

यह और और होना इसी एक जनम में जैसे कई जन्मों की यात्रा का विलक्षण अनुभव जैसा है। विभिन्न संसार और भिन्न लोक संचरण कर अपने में समेटकर आत्मसात कर लेना भी तो आत्म का विस्तार ही है।

शायद अच्छी कविता की एक ख़ूबी यह भी है कि उसकी ताक़तवर पंक्तियाँ अपनी कमज़ोर पंक्तियों, अपेक्षाकृत कमज़ोर पंक्तियों को या तो छिपा लेती हैं या उन तक नज़र पहुँचने ही नहीं देतीं। और यदि कोई घुटा हुआ पाठक उन कमज़ोर पंक्तियों पर अपनी दृष्टि गाड़ ही दे तो शायद उन पंक्तियों का झोल, शैथिल्य, दीनता, क्षीणता, भर्तीपन, खोखल वग़ैरह-वग़ैरह ताक़तवर पंक्तियों की चौंध और दीप्ति से, ताक़तवर पंक्तियों के गर्भत्व प्रकाश से उनकी क्षीणता, श्रीहीनता या उनका ऐब किसी क़दर ढँक-छुप जाता है या नज़र में उतना अखरता-चुभता नहीं है जबकि एक ख़राब कविता की ताक़तवर पंक्तियाँ भी इस प्रक्रिया के तहत अपनी चमक खो बैठती हैं। कमज़ोर पंक्तियों के साहचर्य में ताक़तवर पंक्तियाँ भी लड़खड़ाती नज़र आने लगती हैं। —संगति का प्रभाव तो होता ही है।

यद्यपि जिसे रमणीय, मनोहर या सुन्दर कहते हैं वह तो बस होता है बरबस; और वह किसी एक जगह से सुन्दर नहीं होता। सौन्दर्य तो वह है जिसे जहाँ से भी देखो, जहाँ पर आँख पड़े सुन्दर ही सुन्दर दिखाई दे। वह किसी अंश या अमुक हिस्से में नहीं होता। सौन्दर्य इसीलिए अपनी अखंडता में, अपनी समग्रता में होता है। उस अखंड सौन्दर्य का उत्स भले ही आप किसी बिन्दु में चीन्ह लें; वह अलग बात है।

कैसे दिन रहे होंगे वे जब त्रिलोचन के लिए सॉनेट ही कविता का पर्याय बन गया होगा। कविता का पथ 'सॉनेट का पथ' हो गया। अब वह पथ रह गया है सूना-सा। उस पथ पर अनथक दौड़ने वाला पथिक तो चला गया, बहुत दूर। '...यारों ने कितनी दूर बसाई हैं बस्तियाँ।'

कैसा विचित्र पथ था वह जिसने त्रिलोचन ही नहीं शास्त्री (जी) जैसे आदमी को भी अपने सम्मोहन में क़ैद कर लिया। और फिर उन्होंने आजीवन उस पथ का साथ नहीं छोड़ा।...उसी पर चलते रहे—अविराम, अनथक। यूँ कहने को तो वह विजातीय पथ रहा। स्वयं त्रिलोचन इसी पथ पर अविराम दौड़ने और इसी पथ के सतत यात्री रहने के कारण क्या साहित्य में कम विजातीय रहे और उन्हें अपने ही प्रगतिशीलों में इसी विजातीयता के कारण घोर उपेक्षा सहनी पड़ी।

'सहिष्णुता और धैर्य के आगार।—अक्षत कोष।'

उपेक्षा के दंश ने आख़िर त्रिलोचन जैसे अपार धैर्यवान् को भी यह कहने पर विवश कर ही दिया—

प्रगतिशील कवियों की नई लिस्ट निकली है
उस में कहीं त्रिलोचन का तो नाम नहीं था।
आँखें फाड़ फाड़ कर देखा, दोष नहीं था
पर आँखों का। सब कहते हैं कि प्रेस छली है,
शुद्धिपत्र देखा, उस में नामों की माला
छोटी न थी। यहाँ भी देखा, कहीं त्रिलोचन
नहीं। तुम्हारा सुन सुन कर सपक्ष आलोचन
कान पक गए थे, मैं ऐसा बैठा ठाला
नहीं, तुम्हारी बकझक सुना करूँ। पहले से
देख रहा हूँ, किसी जगह उल्लेख नहीं है,
तुम्हीं एक हो, क्या अन्यत्र विवेक नहीं है।

(उस जनपद का कवि हूँ : पृ. 111)

यह और बात है कि "इस सॉनेट का रस्ता चौड़ा अधिक नहीं है," फिर भी आजीवन उस पर चलते रहे और कुछ इस भाव से चले कि—

(ये और बात है कि तआरुफ़ न हो सका)
हम ज़िन्दगी के साथ बहुत दूर तक गए

जब कविता (सॉनेट) के इसी पथ को कोई ज़िन्दगी मान बैठेगा तभी तो वह ख़ुद से कहेगा कि 'क्या कर डाला उसने भी यह अजब तमाशा।' हाँ, तमाशा तो है लेकिन फ़क़त तमाशा ही नहीं है; अजब भी है। यानी अजब तमाशा। मुझे याद है वह दिन जब उन्होंने ख़ुद मुझसे इसी 'अजब' शब्द के बारे में आविष्ट भरे स्वर में पूछा था–"पण्डित जानते हैं न अजब का अर्थ!"

एकाएक मेरे मुँह से निकल पड़ा 'विचित्र' शास्त्री जी! फिर बोले, "विचित्र तो ठीक कहा आपने लेकिन विचित्र के क्या मा'नी।" जब तक कुछ कहूँ ख़ुद ही कहने लगे कि "विचित्र का एक अर्थ बहुत सुन्दर भी तो होता है न हमारे यहाँ।" 'हमारे यहाँ' पर मैं कुछ देर अटक गया था। बात आई गई हो गई और मैंने शायद यह मानकर अपने आपको समझा लिया था कि हमारे यहाँ से त्रिलोचन जी का मतलब संस्कृत (भाषा) से रहा होगा। बहरहाल!

फिर भी इस विजातीय (काव्य-रूप) की इतनी इबादत की और इस क़दर की कि न सिर्फ़ वह रूप सजातीय हो उठा बल्कि हिन्दी के अपने कविता-कोश में काव्य धरोहर की हैसियत रखता है। कहने को तो बक़ौल त्रिलोचन ही "चीज़ किराये की है" किराये की पराई चीज़ को अगर अपना ही न बना लिया, फिर शायर ही क्या! सर्जना तो इसी में छिपी है। यह होती एक कवि-कलाकार की साधना कि वह देश-काल की दूरी को अपनी सर्जनात्मकता से मिटाता हुआ विजातीय को सजातीय विरासत बना देता है। अब विजातीयता पर सोचिए; क्या अपना है और क्या पराया है। '–जो बढ़के ख़ुद उठा ले हाथ में मीना उसी का है।' सॉनेट को जिस तरह से अपनी ज़िन्दगी में त्रिलोचन ने उतारा उसे देख कहने को तो यहाँ तक जी चाहता है–

परस्तिश की याँ तक कि ऐ बुत तुझे
नज़र में सभों की ख़ुदा कर चले

–मीर तक़ी 'मीर'

दरअस्ल जिसे हम यथार्थ कहने के आदी हो गए हैं या हो चले हैं वह कहीं जीवन की असलियत का नया चेहरा तो नहीं है जिसे हम अब तक देख ही नहीं सके। अगर यह ऐसा ही है तो यथार्थ कोई एक नहीं है, यानी नहीं हो सकता। वह तो

सहस्त्ररूपा है और शायद एक होते हुए भी वह हर एक की आँखों में नया रूप लेकर उतरता है और हर एक के हाथों में नया आकार ग्रहण करता है। इस प्रकार यथार्थ एक अनवरत प्रक्रिया है, एक कहीं न थमने वाला ऐसा सिलसिला है जो ज़िन्दगी की सच्चाइयों को छूने के लिए हर पल आख़िरी साँस तक हमें भटकाता है—शायद कुछ बिरले और भाग्यवान ऐसे होते होंगे जिन्हें अपनी कला में उस यथार्थ के दर्शन और प्राप्ति हो जाती होगी जिसे हम जीवन का सत्य कहते हैं और जीवन भर उसकी तलाश में, भटकन की साधना में भरी दुनिया के बीच अपने आपको अकेला पाते हैं। और अकेले होते जाते इस तंत्र में अपने-पराये सभी से उसकी सज़ा भी पाते हैं। कहने का अर्थ यह कि यथार्थ को पाने की प्रक्रिया बहुत यंत्रणा भरी है। वह 'भुंई उतारै सिर धरै' वाली अकेली डगर पर चलने को कहती है। इतना ही नहीं वह अकेला होने को बाध्य भी करती है—'भुंई उतारै सर धरै सो चलै हमारे साथ।' अभी तक तो 700 साल में कोई दूसरा कबीर नहीं हुआ न। और इसकी भविष्यवाणी भी कबीर में एक जगह नहीं, अनेक रूपों में बिखरी पड़ी है। जब वे कह रहे थे कि 'पोथी पढ़ि-पढ़ि जग मुआ पंडित भया न कोय।'—तो क्या कह रहे थे : पोथी पढ़ पढ़कर तो जग मर गया यानी लोगों की संवेदनाएँ मर चुकी हैं, यह पढ़ने वाला समाज संवेदनहीन हो चुका है, दूसरों के दुख के लिए इसमें जगह कहाँ है—दूसरे के लिए जगह तो प्रेम का एक आखर पढ़ने वाले में ही सहज सम्भव है। इस दोहे में अर्थ का एक प्रछन्न आयाम तत्कालीन परिदृश्य, परिस्थितियों से भी सम्बन्ध रखता है जिसकी व्यंजना उस समय के 'पोथी' और 'पंडित' शब्दों के निहितार्थों को समझने पर ब्राह्मणवाद और हिन्दू धर्म के कर्म-कांडों का बखान करने पर खुल जाएगी।

भविष्यवाणी का एक रूप आज हम अपने देश में ख़ासतौर पर गुज़रात में देख चुके हैं कि क्या-क्या कुछ पोथी और पंडित के नाम पर नहीं हुआ। तो आज के पोथी पढ़ने वाले पंडितों का ये हाल...! कवि द्वारा पढ़ने का आग्रह करने पर (त्रिलोचन की) 'चम्पा' क्या ग़लत कहती है कि 'मैं तो नहीं पढ़ूँगी।' इतना ही नहीं वह पढ़े-लिखे कवि पर ही झूठे होने का आरोप लगाती है और कहती है—

"तुम तो कहते थे गाँधी बाबा अच्छे हैं
वे पढ़ने-लिखने की कैसे बात कहेंगे
मैं तो नहीं पढ़ूँगी।" चम्पा बोली :
"तुम कितने झूठे हो, देखा,
हाय राम, तुम पढ़-लिख कर इतने झूठे हो।"

और कबीर पोथी के स्थान पर प्रेम के जिस एक आखर की बात कर रहे हैं उसे पाने के लिए चम्पा अन्त में एक दृढ़ता और संकल्पमय भाव से कहती है कि :

और कहीं जो ब्याह हो गया
तो मैं अपने बालम को संग साथ रखूँगी
कलकत्ता मैं कभी न जाने दूँगी
कलकत्ता पर बजर गिरे।

'कलकत्ता' की अन्तर्ध्वनियाँ क्या-क्या हैं—पूँजीवाद, बाज़ारवाद और श्रम की दुनिया के सन्दर्भ में। एक तरफ़ कबीर हैं दूसरी तरफ़ हमारी अपने सामने की दुनिया का आधुनिक कबीर अर्थात् सन्तों की बानी बोलने वाला त्रिलोचन और उनका 'चम्पा' जैसा बाल चरित्र, जिसमें आने वाले ज़माने की स्त्री अस्मिता और स्त्री-गौरव को बिना बड़बोलेपन के कैसी सुन्दर और सुन्दर से ज़्यादा सहज अभिव्यक्ति मिली है—यह है त्रिलोचन की जातीय परम्परा जो मन का परिष्कार ही नहीं उसका आयतन भी बढ़ाती है।

मौत का एक दिन मुअय्यन है
नींद क्यों रात भर नहीं आती

ग़ालिब का यह शेर बहुत परेशान करता है। शेर में कही गई बात इस अन्दाज़ से कही गई है कि लगता यूँ है कि बात समझ में आ गई है। लेकिन फिर क्यों हर बार समझते-समझते भी बात अक्सर पकड़ से बाहर ही रहे आती है। लगता है शेर में जिस अनुभव, मर्म, रहस्य को उद्घाटित किया है उसकी, उस अर्थ की, उस अनुभूति के आयाम की छाया आते-आते हाथों से फिसल गयी।

ठीक है। मौत का आना लाज़िम है। उसका आना तयशुदा है। मृत्यु अवश्यंभावी है—यह कवि जानता है; स्वीकार करता है। लेकिन उसकी अस्ल चिन्ता शेर के दूसरे मिसरे में व्यक्त होती है : कि यह जानते हुए भी कि मौत एक दिन अवश्य आएगी फिर रात भर नींद न आने का सबब क्या है? इस 'क्यों' को अनुत्तरित रखकर भी शायर (ग़ालिब) ने हर घड़ी ज़िन्दगी पर मँडराती मौत की छाया की...जैसे लटकती हुई तलवार के साये में हर वक़्त की ख़ौफ़ज़दगी... चिन्ताग्रस्तता, भय या आतंक (आप जो चाहे कहें) या मृत्यु से आक्रान्त चेतना को उद्भासित कर दिखाया है, वह अपने आप में कमाल है।

लेकिन फिर भी सोचता हूँ कि ग़ालिब यह स्वीकार करने पर भी–कि मृत्यु अवश्यम्भावी है और वह एक दिन अवश्य आएगी–भय मुक्त नहीं हैं। उनकी चेतना मृत्यु के भय से आक्रान्त है। या फिर हो सकता कि मनुष्य की चेतना में इस भयाक्रान्तता के बोध को सम्प्रेषित करना ही ग़ालिब का मूल भाव रहा हो।

फिर यह भी सोचता हूँ कि ग़ालिब 'क्या है', 'क्यों है' जैसी प्रश्नवाचिकता से संसार की मूल प्रकृति को समझते भी हैं और उसकी असारता उसकी नश्वरता (और कहीं-कहीं नकार) का स्वीकार भी करते हैं। लेकिन इस शेर में, मुझे लगता है कि वे पहले मिसरे के माध्यम से–पूरे नकार का ज्ञान ही सच्चा ज्ञान है, सम्यक् ज्ञान है–इस ज्ञान का भान अथवा बोध कराते हैं लेकिन इस 'पूरे नकार के ज्ञान' को आचरण रूप में मनुष्य उतार नहीं पाता या सहज उसे स्वीकार नहीं कर पाता।–यह 'पूरे नकार के ज्ञान' को जान लेने के बावजूद उसे सहज आचरण में न उतार पाने की यंत्रणा को शेर एक हलकी सी वक्रता और मितव्ययता में अपनी कमाल की सादगी के साथ मृत्यु की विडम्बना को शिद्दत से रेखांकित करता है।

इस 'पूरे नकार के ज्ञान' के अहसास के बावजूद जीने की जो यंत्रणा है शेर उसी की तरफ़ इशारा करता है।

सोफ़िया में हूँ। घर पर बैठा हुआ। एकाएक चित्त पर जयशंकर प्रसाद की एक पंक्ति कौंध गई–'उस को तो देते ही हैं सब'–लेकिन यह कहाँ...किस कविता में है। सो ढूँढ़ने की उत्कट इच्छा हुई। ख़ैर वह मिली नहीं। उनका संकलन 'लहर' पढ़ता रहा और बी.ए. का मेरा विद्यार्थी काल आँखों के आगे बरबस आ गया।...आज फिर प्रसाद जी को पढ़ रहा हूँ; मुद्दत बाद–

तुम्हारी आँखों का बचपन!
खेलता था जब अल्हड़ खेल,
अजिर के उर में भरा कुलेल,
हारता था हँस-हँसकर मन,
आह रे, वह व्यतीत यौवन!

लगता है, नॉस्टेल्जिया प्रसाद जी के काव्य में जैसे प्राण भरता है। अतीत-राग उनमें विराग तो उपजाता है लेकिन काव्य का उर्जा-संचरण भी वहीं से प्राप्त होता

है। बीत जाने की व्यथा और उसकी एक निश्शेष होती जाती छाया उनके मन पर, आँखों पर छाई रही है।–घनीभूत छाया–व्यतीत होकर रीतते जाने की। 'आह रे' जैसे शब्द सम्बोधन पद इसी रीत जाने और निश्शेष होते जाने की अलामत हैं, व्यंजना हैं।

फिर अचानक त्रिलोचन जी चले आए...अपनी एक काव्य-पंक्ति से वे सीधे मेरे भीतर वाले मन में उतर आए; 'सहज डगों की मूक कहानी'-से। सीधे मन में उतर आने का सबब था उनकी एक छोटी सी कविता की एक पंक्ति–'बात सब भूल-भूल हँसते थे।'

यह कविता मैंने नहीं पढ़ी (थी) पहले-पहल। मैंने तो यह पढ़ी हुई पढ़ी थी। या कहूँ कि मेरे द्वारा तो यह पढ़ी हुई पढ़ी गई थी। यानी मुझे इस कविता की ओर त्रिपाठी जी (गुरुवर विश्वनाथ त्रिपाठी जी) के एक लेख ने ध्यान आकृष्ट करवाया पहले-पहल। इसीलिए मैंने कहा कि 'पढ़ी हुई पढ़ी थी'। और कहने को तो यह भी कह सकता हूँ बल्कि स्वीकार करूँ कि उनकी समझी हुई ही समझी भी यह कविता। बहरहाल! कई समय एक साथ जाग उठे मन में...सब साथ-साथ चल रहे हैं मुझ में। समय की समस्त और अविछिन्न लहरों के साथ बहना कितना दुष्कर है लेकिन साथ ही कितना अपूर्व विस्मय भरा... आनन्द...उल्लास...उत्फुल्लता...हर्ष...लेकिन फिर भी अवसाद और विषाद-व्यथा की रेख-सा खिंचता हुआ सब कुछ को रीता करता जाने का एक अपूर्व सुख भी...!

अस्ल बात पर आता हूँ। बात तो बस इतनी थी कि प्रसाद जी की 'हारता था हँस-हँसकर मन', पंक्ति ने त्रिलोचन की याद जगा दी।

याद जगाने वाली पंक्तिया यूँ थीं–

हमने देखा कि फूल हँसते थे
डाल पर झूल-झूल हँसते थे
पूछा, कल की भी कुछ ख़बर है क्या–
बात सब भूल-भूल हँसते थे।

यही अन्तिम पंक्ति ('बात सब भूल-भूल हँसते थे') थी जो प्रसाद जी की पंक्ति 'हारता था हँस-हँसकर मन'–पढ़कर कौंध उठी थी। 'हारता था' (मन) कहकर प्रसाद जी ने मन के जिस अपार हर्ष-आनन्द के अतिरेक-भरे उल्लास के व्यापार को व्यंजित किया है कुछ-कुछ वही बात त्रिलोचन जी की (इस अन्तिम पंक्ति) 'बात सब भूल-भूल हँसते थे' में आ गई है। कह सकता हूँ कि इसी साम्य भाव को चीन्ह पाने के कारण मुझमें त्रिलोचन की याद जगी। लेकिन केवल यही

बात नहीं थी। इससे आगे भी कुछ था जो ज़्यादा महत्त्व का है। और महत्त्व का शायद इसलिए है कि वह दोनों कवियों के बीच एक विभाजक दृष्टि रेख है, हलकी-सी बारीक रेख। और वह यह कि प्रसाद इस कविता में अतीत के वह सुन्दर सुखमय की नाना क्रीड़ा-छवियों का स्मरण-गान कर सब कुछ के रीत जाने की व्यथा से भरकर कहते हैं–'आह रे, वह व्यतीत जीवन।' इतना ही नहीं; कविता के अन्तिम छन्द में वे इसी व्यथा और उस सुख के न रह जाने के प्रति तनिक सशंकित मन से पूछते हैं–

तुम्हारी आँखों का बचपन!
आज भी है क्या नित्य किशोर–
इसी क्रीड़ा में भाव-विभोर–
सरलता का वह अपनापन–
आज भी है क्या मेरा धन!
तुम्हारी आँखों का बचपन!

ऊपर आई पंक्तियों में 'नित्य किशोर', 'क्रीड़ा में भाव विभोर', 'सरलता का अपनापन', (और सरलता का अपनापन ही नहीं 'वह अपनापन' ध्यान देने योग्य है) और 'मेरा धन' सब कुछ को 'आज भी है क्या' के सन्दर्भ गर्भित आलोक में देखने से कविता का मर्म, कविता का वह 'हारता था हँस-हँसकर मन' वाला आनन्द अतिरेक सहसा उस बीते हुए के साथ ही जैसे बीतकर रीते होते जाने की व्यथा को घनीभूत कर जाता है–'आह रे, वह व्यतीत जीवन' मुझे लगता है कविता के इसी आरम्भिक छन्द की अन्तिम पंक्ति में ही कवि अपने मन की बात का भेद कह गया है–शायद यही कवि का अभीष्ट था जो अन्त में आने की बजाय कविता में अनुभूति के तीव्र वेग-प्रवाह को रोक अथवा सँभाल न सकने के कारण कुछ पहले ही अनुभूति के मूल को उक्त पंक्ति के रूप में उजागर कर गया। वस्तुतः यही अनुभूति का मूल उत्स है। कवि की बाद की प्रश्नाकुलता जो अन्तिम छन्द में व्यक्त हुई है उसे उसका विस्तारक रूप ही समझिये। और विस्तार रूप भी कैसा–जो यह जानते हुए भी कि अब वह 'अल्हड़ खेल', उर में भरा कुलेल' या 'नित्य किशोर', 'क्रीड़ा में भाव विभोर' और 'सरलता में वह अपनापन' अब शायद कुछ नहीं रह गया है–सब 'वह व्यतीत जीवन' होकर रह गया है लेकिन कवि फिर भी पूछता है। इस पूछने की छलना को भी व्यथा का एक चरम भाव-रूप ही समझो। 'तुम्हारी आँखों का बचपन' कविता की प्रथम पंक्ति है। जिसकी अन्तिम पंक्ति 'आज भी है क्या मेरा धन' के साथ आवृत्ति के रूप में जुड़कर कवि की अपनी अनुभूति को एक

अतिरक्त आयाम मिल जाता है और 'तुम्हारी आँखों का बचपन' और 'आह रे, वह व्यतीत जीवन' कवि के मन में व्यतीत हो जाने का रह-रहकर एक मलाल जगाता है।

लेकिन त्रिलोचन। त्रिलोचन इसके विपरीत फूलों का हँसना देखते हैं और वह भी कल से बेख़बर होकर हँसना। आनेवाले कल की चिन्ता से एकदम मुक्त होकर—'बात सब भूल-भूल हँसते थे' में दीन-दुनिया से एकदम बेख़बर होकर। हर ग़म से बेगाने होकर। कोई और कवि होता तो फूलों की नाज़ुकी पर मर मिटता। और कुछ नहीं तो उनके रूप-रंग पर ही लट्टू होकर जान छिड़क बैठता। और इन सबसे बचता तो उनकी गन्ध—उनकी 'अरघान' से कैसे बच पाता। वह तो अच्छे-अच्छे वीरोचित, धीरोदात्त और धीर ललितों की नींद उड़ा देती है...नायकों के होश तक उड़ जाते हैं। (याद कीजिए : 'तुम्हारी देह मुझको कनक चम्पे की कली है, दूर ही से स्मरण में भी गन्ध देती है') लेकिन 'ये तो कहिए कि मेरा ही काम था कि मैं दरमियाँ से गुज़र गया' वाली बात। त्रिलोचन का कवि फूलों की नाज़ुकी, उनका रूप-सौन्दर्य, उनकी रंगत; उनकी सुगन्ध सबसे गुज़र कर चला आया। अटका तो उनकी हँसी पर। आप कह सकते हैं यह अटकना कोई नया नहीं है। ठीक है, फूलों का हँसना नया नहीं, पारम्परिक है। बल्कि रूढ़ है। और इतना रूढ़ हो चुका है कि अब तो उनके इस हँसने का मुलम्मा भी छूट चला है...और तो और इस आधुनिक युग में उनके हँसने में जो खनक थी वह भी ग़ायब हो चली है।

वस्तुतः त्रिलोचन का कवि अनुभूति के नए विधान के प्रति सहज मुक्त मन से स्वीकार भाव रखकर उसके सम्मुख नतमस्तक है। वह इस विधान की विकलता के हाथों से—फूलों की हँसी 'भूल-भूल हँसी' को, अर्थात् आज को भोग लेने अथवा जी लेने की बेख़बरी में लिपटी मुक्तता को छूने की विवशता से उपजी है। काव्य में शब्दों के माध्यम से वे इसी को छूना-पकड़ना चाहते हैं। वस्तुतः त्रिलोचन में जीवन का सहज स्वीकार-भाव है।

और; डाल—जिस पर वह झूल-झूल हँसते हैं—वह तो काल की ही डाल है अपने प्रतीक रूप में। यद्यपि त्रिलोचन अपने कवि स्वभाव में प्रतीकवादी (तौबा-तौबा!) दूर-दूर तक नहीं हैं।—प्रतीकवाद से कोसों दूर!

त्रिलोचन के काव्य-बोध, और काव्य-दृष्टि का यही कमाल है कि इतनी छोटी-सी कविता में ऐसी 'नई स्थिति-योजना' का समावेश कर वह खनक भर दी कि कविता में आज के सब कुछ को समेटने से फूलों का उल्लास इस क़दर था कि न उनमें बीते हुए कल का (विषाद) अवसाद है न उनमें आनेवाले कल में

मुरझाने अथवा मृत्यु-बोध के अवसाद की आहट। यह है शुद्ध वर्तमान का प्रकृत सातत्य। और शुद्ध वर्तमान के इस बोध की प्रतीति करानेवाले व्यंजक शब्द भी शब्द (संज्ञा-पद) नहीं 'झूल-झूल हँसना' और 'भूल-भूल हँसना' जैसी क्रियाएँ (क्रिया-पद) हैं।

याद है न! त्रिलोचन ही ने कहा था और बहुत पहले कहा था 'गति में क्रिया भरी है और क्रिया में बल है।'

यह सब तो यूँ ही प्रसाद जी को पढ़ते हुए उनकी एक काव्य-पंक्ति के बहाने से कौंध गया। प्रसाद जी भी बनारस के और कवि त्रिलोचन की मूल कर्मभूमि (काव्य-स्थली) भी बनारस की और अब बनारस के ही एक और कवि (सन्त और समाज सुधारक और **न जाने क्या-क्या वह सब बाद** में; पहले कवि) और 'कवियों के कवि' 'कबीर' की याद आ रही है–इसी काव्य-प्रसंग में। उनका एक दोहा है–

माली आवत देखकर कलियन करि पुकार
फूली-फूली चुन लईं काल्ह हमारी बार

इसकी वज़ाहत फिर कभी। फ़िलहाल इतना ही कि कबीर में जीवन और उसके सौन्दर्य की क्षणभंगुरता पर, प्रसाद में अतीत के राग का वह 'सरलता का अपनापन' का धन व्यतीत हो जाने की पीड़ा का बोध और त्रिलोचन में आज का उल्लास इतना सर्वग्राही है कि वे (फूल) आने वाले कल की छाया से मुक्त सब कुछ से बेख़बर आज डाल पर झूल-झूल और भूल-भूल हँसते हैं। फूल तो वही हैं– मनोभूमियाँ अलग-अलग हैं। फूल वही हैं दृष्टि अलग है। कवि बदल गया है। युग बदल गया है। युग-बोध के बदलने से उन्हीं फूलों में नई काव्य-स्थितियों का समावेश होकर नई बात उन्हीं फूलों में पैदा हो गई है। देखे हुए में कुछ नया दिखाना, नई बात पैदा करना, नया रंग (फूलों में) भरना (यही काव्य-दृष्टि का विकास है। शायद इसी को आलोचक काव्य-संवेदना का विकास कहते होंगे।) कवियों का यही काम है। दुख-सुख की अलग-अलग सूरतें बनाना, बनाकर फिर-फिर मिटाना, और इसी मिटते जाने में जीवन को रह-रहकर चीन्हना–शायद इसी को कवि-कर्म कहते हैं!

पुनश्चः

अभी लिखकर चुका ही हूँ; बल्कि सच बात तो यह होगी कि कहूँ लिखते-लिखते कुछ और पंक्तियाँ कौंधने लगीं–पूरी कविता तो अब नहीं याद है। हाँ; ये दो पंक्तियाँ बार-बार स्मृति पर छा रही हैं–'फूल को प्यार करो, पर झरे तो झर जाने दो।' पर अज्ञेय की कविता पर बात फिर कभी!–क्योंकि अज्ञेय आत्म

को खोकर कुछ नहीं पाना चाहते—न अपने को, न प्रेम को, न जीवन को, न जीवन के सत्य को...न मम को, न ममेतर को!

अपने को मिटाना, विलीन करना उनकी प्रकृति ही नहीं। उनका स्वभाव आत्मदीप्ति का है। शायद इसीलिए बेख़ुदी और बेख़बरी उनकी फ़ितरत में है ही नहीं। यह भी कुदरत की नेमत है—सब को कहाँ मिलती है!

जैसे 'कवियों के कवि' होते हैं क्या इसी तर्ज पर ''आलोचकों के आलोचक'' 'पाठकों के पाठक' या कि 'श्रोताओं के श्रोता' भी होते हैं!

'देवों के देव' भी तो आख़िर होते ही हैं।

साढ़े तीन बजे से जगा हुआ हूँ। पिछले कुछ सालों से जीवन ऐसा ही चल रहा है। ढाई-तीन बजे आँख खुल जाती है, नींद में अजीब बेचैनी रहती है सो उठकर बैठ जाता हूँ। कल रात भी यही हुआ। साढ़े तीन बजे आँख खुल गई। कुछ देर तो लेटे-लेटे जागा हुआ अँधेरे में कुनमुनाता रहा। आख़िर फिर उठ बैठा। त्रिलोचन जी का 'मेरा घर' पढ़ता रहा...पढ़ता रहा देर तक। उस संकलन के अन्त में दी गई सात अवधी कविताओं को भी पढ़कर समझने की कोशिश करता रहा; पर ज़्यादा समझ में आई नहीं। उनकी अवधी कविताएँ पढ़ने की साध मेरे मन में 'अमोला' (काव्य संग्रह) पर मान बहादुर सिंह के लिखे हुए लेख पढ़ने से जागी।

पढ़ते-पढ़ते पुतलियाँ दुखने लगीं। तबीअत ठीक नहीं, ख़ासी और ज़ुकाम से बेहाल हूँ। लगातार बलग़म और नाक बह रही है, दो पंक्तियाँ पढ़ नहीं पाता हूँ कि कफ़ और बलग़म आता रहता है। सोचा अब सोने की कोशिश करता हूँ पौने छह बजने को हैं। लेकिन कुछ हाजत की अनुभूति होने लगी। गया—फ्रैश हुआ। फिर कमरे में आया तो देखा आँखों से फिर नींद ग़ायब। फिर कुछ पढ़ने का मन हुआ। इस बार उनका कम पढ़ा गया या कहिए कि अपेक्षया कम चर्चित संग्रह 'चैती' पढ़ने का मन हुआ। पढ़ने का मन हुआ यह कहना ठीक नहीं। दरअस्ल कुछ उलटने-पुलटने का भाव ही था कि चलो कुछ कविताएँ देख ली जाएँ। इस भाव से जब संग्रह उठाया तो सबसे पहले तो आँखें कुछ देर उसके

आवरण चित्र पर ठिठकीं (जो मेरा ख़ुद का बनाया हुआ है)। फिर मन ही मन उस आवरण से कुछ असन्तोष और अपर्याप्तता का भाव लेकर आगे बढ़ा तो अपने लिखे हुए फ्लैप पर अटक गया।–पूरा पढ़ गया, कुछ इस भाव से कि उस समय (1987) की समझ कैसी थी; देखें। पढ़कर काम चलाऊ सन्तोष हुआ, बस। हालाँकि एकाध जगह अपने लिखे को पढ़कर मन रीझा भी। लेकिन फिर भी 'फ्लैप' वाली भाषा अथवा पद्धति की ही बू उसमें ज़्यादा दिखाई दी। बहरहाल।

इस संकलन में अगस्त 1954 से लेकर अगस्त 1964 तक की कविताएँ शामिल है। अजीब संयोग है; पहली कविता 'कर्म की भाषा' का रचनाकाल 9 अगस्त 1954 का है और संग्रह की अन्तिम कविता 'मैं कृतज्ञ हूँ' 21.08.1964 की है। यानी पूरे दस साल की कविताएँ। अब तक जो लिखा है न असल बात वह थी ही नहीं! जो बात या जिस बात को मैं लिखना चाहता था और जिसके कहने की ग़रज़ से लिखने यानी नोट करने का मन हुआ वो बात अभी भी नहीं आई। लिखने में यही चक्कर है कि मन की बातों को अर्थात् घटित को अनुक्रम में बाँधने के चक्कर में कभी-कभी-लिखने यानी मन की मूल बात जो प्रेरक थी, बीज-भाव था–वही छूटता जाता है। अस्ल में बात क्या थी।–कविता पढ़ते-पढ़ते मुझे लगने लगा कि कविताओं में कोई बहुत बड़ी बात नहीं हैं और वे प्रभावित नहीं कर रही हैं। मन को पकड़ ही नहीं रहीं; अभिभूत करनेवाली बात तो दूर। पढ़ना भी दरअस्ल कई क़िस्म का होता है। मैं अपने देह-मन की स्थिति अब तक (ख़ुद) जान चुका था कि मन अब ग्राह्य स्थिति में नहीं है। फिर भी अनमने भाव से कविताएँ पढ़ता जाता। पढ़ने की कई क़िस्में कौन-कौन सी हैं इस पर फिर कभी। क्योंकि उसका बखान करने में ये जो बात यानी वही अस्ल बात जिसके लिए यह लिखना शुरू हुआ था लब पर आते-आते फिर पलट जाएगी। हाँ तो, कविता पढ़ते-पढ़ते एक कविता सामने आई–'कवि शमशेर से'–बिना पढ़े रहा नहीं गया। लेकिन जिस चाव से और जिस ललक से कविता पढ़ने का मन हुआ पढ़ने के बाद उसी गति से मन बुझ भी गया। मन बुझने की तफ़सील में जाने पर वही ख़तरा है कि वो बात छूट जाएगी जिसके लिए यह अच्छर लीला रचाई है। कभी-कभी जब मन की ऐसी ही हालत होती है यानी उन्मन होने की तो मैं किताब पीछे से पढ़ना शुरू कर देता हूँ। इसी क्रम में मैं कवि शमशेर से'' वाली कविता के बाद 'क्षण की खिड़की' पर आया। कविता पढ़ना शुरू की, अभिभूत होकर पढ़ता रहा, रुक-रुककर, ठहर-ठिठक कर पढ़ता रहा...अन्त तक पहुँचते-पहुँचते मैं भाव-विभोर, विस्मय से भरा, ठगा-सा स्तंम्भित रह गया। मुझे लगा संग्रह में यह

अपने क़िस्म की अकेली और अनूठी कविता है। अब अकेली अनूठी क्यों है इसकी तफ़सील भी फिर कभी...क्योंकि ख़तरा फिर वही है...अस्ल में वो बात अभी आई कहाँ है जिस प्रतिज्ञा से अच्छर लीला रचने के लिए क़लम गहा था–वस्तुतः यही वह कविता थी कि एकाएक ख़याल आया कि त्रिलोचन की प्रेम कविताएँ संकलित की जाएँ। फिर मन में आया कि छायावाद से लेकर आज तक यानी इधर के नए कवियों की प्रेम कविताओं का एक संचयन किया जाए। हालाँकि 'प्रेम के रूपक' (संपादक : मदन सोनी) ध्यान में था लेकिन फिर भी! फिर मन में आया कि 'प्रगतिशील कवियों की प्रेम कविताएँ' शीर्षक से एक संकलन तैयार किया जाए। अस्ल में तो यह बात भी वो अस्ल बात नहीं है क्योंकि इस अच्छर-लीला का अभियान तो दरअस्ल किताब का नाम रखने यानी शीर्षक चुनने की क़वायद से शुरू हुआ था कि किताब का नाम रहेगा–'कुछ प्रेम कविताएँ।' फिर इस शीर्षक पर शमशेर जी की छाया का भान होने लगा–हालाँकि यह नाम एकाएक कौंधा, आप चाहें तो कह सकते हैं कि अचानक सूझा। मैंने सोचा मैं अपने सूझने की लाख दुहाई दूँगा लेकिन इस 'कुछ' पर शमशेर जी की मुहर लग चुकी है। मुहर क्या यूँ कहिए कि यह 'कुछ' शमशेरियत से ग्रस्त है। दरअस्ल इसे ग़ालिब के 'चन्द' के बरअक्स शमशेर जी का कुछ निकाला हुआ समझा जाए। बहरहाल! इस पर बखेड़ा खड़ा हो सकता है और हमारी वो अस्ल बात फिर रह जाएगी।

ख़ैर, हम भी नाम तो यही पकड़े रहें आख़िर तक। मगर इस 'कुछ' का रिश्ता कभी प्रेम से जोड़ते रहे, कभी कविताओं से और सोचते रहे कि 'कुछ प्रेम कविताएँ' की जगह 'प्रेम की कुछ कविताएँ...फिर झुँझलाहट में यह भी सोचा कि इस कुछ को अगर रखना ही जरूरी हो तो सबसे अन्त में रख दो। यानी–'प्रेम कविताएँ कुछ'। अन्त में 'कुछ' अटपटा लगा। फिर सोचा कि 'प्रेम की कविताएँ कुछ' कहने से बात बन जाएगी। पर 'प्रेम की कविताएँ कुछ' कहने से किसी छन्द की छाया का बोध होता है। लेकिन दूसरी ओर मन एकाएक सतर्क हो गया। सतर्क क्या सतर्क से ज़्यादा आशंकित हो गया कि अर्थ-बोध और अर्थ-गौरव के साथ कभी-कभी छन्द छल भी कर बैठता है। बहरहाल, फिर सोचा इसे भी हटाकर शीर्षक का अनुक्रम उलट कर यूँ कर दिया जाए तो कैसा रहे–'कुछ कविताएँ प्रेम की,' फिर 'कुछ' की डाल पर आ बैठा!

कितना मुश्किल है एक कवि की लगाई ईंट को हिलाना। कितना मुश्किल है उसकी छाया से...उसके शब्द से बचना। और इससे भी ज़्यादा मुश्किल है एक नई ईंट लगाकर नई रचनात्मकता जगाना और अपनी एक नई छाया बनाना।

घटित के अनुक्रम को कौन छू पाया है। मन में किस विचार की छाया कब कौंध उठे; इसको पकड़ पाना बस में नहीं। घटित के गर्भ में चल रहे सहकालिकता के अनन्त-अविराम चल-व्यापार की पूर्वापरता की थाह कौन ले पाया है!...

मैं यहीं यह अच्छर लीला समाप्त करता हूँ क्योंकि शायद अस्ल बात कुछ होती ही नहीं!

हर अच्छी कविता मेरे जाने हुए समस्त को फिर से एक अपरिचिति में बदल देती है—लगभग अवाक् करती हुई-सी...एक विचित्र प्रतीति। पहचाने हुए को और भी पराये व अनजाने आलोक से भर मुझे मुझ में ही से आविष्कृत करती है बार-बार।

कविता में ब्रह्मांड को बहते हुए जल-सा प्रतीत होना चाहिए। कविता भी उस नदी की तरह है जिसमें 'कोई भी व्यक्ति एक ही जलधारा में दो बार अवगाहन नहीं कर सकता अथवा यह सत्य वैसा ही है जिस प्रकार यह कहना कि एक ही क्षण में हम हैं, और नहीं भी हैं।' (हेराक्लाइटस)

अज्ञेय के उत्तरवर्ती काव्य में विचारों का बौद्धिक अवलेप ही ज़्यादा है। काश! वे उस वैचारिक चिन्तनमयी ऊर्जा को कविता की शक्ल में ढाल पाते तो क्या ही बात होती। जिस पन्त जी पर अज्ञेय लगभग फ़िदा हैं और उन्हें 'स्वर सिद्ध' की संज्ञा से विभूषित करते हैं और बहुत ठोक-बजाकर बड़े निश्चयात्मक स्वर में कहते हैं—"शब्द ध्वनियों के प्रति जैसी सजगता सुमित्रानन्दन पन्त में थी वैसी मैंने हिन्दी के किसी दूसरे कवि में नहीं देखी, निराला में भी नहीं।...लेकिन मैं तो जानता हूँ कि स्वर ध्वनियों पर पन्त जी का ऐसा अधिकार था कि उन्हें सच्चे अर्थ में स्वर-सिद्ध कवि कहा जा सकता है।" (अज्ञेय : स्मृति लेखा : पृ. 78) उन्हीं पन्त ने कभी कहा था, 'जग के उर्वर आँगन में बरसो ज्योतिर्मय जीवन' और जिन्होंने अपनी 'पल्लव' की कविताओं के लिए 'कल्पना के ये विह्वल बाल' कहा था। और कुछ नहीं तो कम-से-कम 'कल्पना के विह्वल बाल' ही ले लिए होते ताकि कविता की रंगत कुछ बदल पाती। बस, आप केवल 'शब्द का ज्ञान पन्त का सबसे सूक्ष्म है' (भवन्ती : पृष्ठ 82) पर ही अटककर रह गए...उसी पर रीझते

रहे। (हालाँकि यह भी बड़ी बात है; कवि की कवि द्वारा मुक्त कंठ से प्रशंसा–यह कोई आसान काम नहीं) पर शब्द और उसमें निहित स्वर को भी तो खींचकर तीव्र भावावेगजन्य कल्पना ही न लाएगी। और ऐसी कल्पना कोरे चिन्तन से नहीं आती। अतिशय भाव-विह्वलता के बिना उसका आना तो दूर वह झाँकती भी नहीं।

'आँगन के पार द्वार' जब से उन्हें मिला है तब से उनका कवि अर्थात् उनके भीतर का देवता 'द्वारी-अगारी' का भेद भूलकर 'द्वार के प्रतिहारी को' 'बार-बार पा-लागन' करने में कवि-कर्म की इति समझ बैठा है। तब से वे अपने आपको भीतर के स्पन्दित सन्नाटे में कुछ ज़्यादा ही सुनने लगे हैं। सुनने क्या लगे समझो उसी में रम गए हैं...वहीं के हो के रह गए हैं–प्रियंवद की तरह।...उस स्पन्दित सन्नाटे में काव्य-वीणा को साधते रहे, स्वयं अपने को शोधते रहे, सघन निबिड में अपने को, अपने आप को सौंपते रहे किरीटी तरु को–क्योंकि उसी में तो संसार की समस्त ध्वनियाँ सोई हैं...समाई हैं और काव्य-सत्य की वीणा उसी से बनी है, उसी का अंश है। तो अज्ञेय का कवि इसी असाध्य को साधने की तपस्या में लीन हो गया। वही वीणा उसकी जीवन भर की साधना हो गई। या कहो साधना का पर्याय। और जितना ही वे वीणा को साधते हैं उतना ही उनका साधक यानी 'सरस्वती-पुत्र' बाहर से कैसा होता जाता है–इस 'कैसा' की एक झलक 'आँगन के पार द्वार' संग्रह की, पहली ही कविता 'सरस्वती-पुत्र' शीर्षक कविता के इस उत्तरांश में देखी-सुनी जा सकती है–

बाहर वह
खोया-पाया, मैला-उजला
दिन-दिन होता जाता वयस्क,
दिन-दिन धुँधलाती आँखों से
सुस्पष्ट देखता जाता था;
पहचान रहा था रूप,
पा रहा वाणी और बूझता शब्द,
पर दिन-दिन अधिकाधिक हकलाता था:
दिन-दिन पर उसकी घिग्घी बँधती जाती थी।

(आँगन के पार द्वार : पृ. 7)

इस 'घिग्घी बँधने' पर मुझे ब्रजघाट पर वल्लभाचार्य से सूरदास की हुई भेंट का प्रसंग अनायास स्मरण हो आया।–पता नहीं ऐसा क्यों हुआ और इसका कारण क्या हो सकता है!

कुछ कवि होते हैं प्रकटतः जिनकी कविता सामाजिक दायित्व और नेतृत्व भार वहन करने में समर्थ होती है। ऐसे कवियों की कविता में प्रायः कथा तत्त्व के प्रति आग्रह दिखाई पड़ना स्वाभाविक है। क्योंकि कथा तत्त्व में स्व रति को विखंडित करने का अवकाश (जो) बना रहता है। वहाँ अन्य के प्रति अवकाश ही नहीं आग्रह और आग्रह से भी बढ़कर एक ललक बनी रहती है, जो अन्य की ललक से उत्पन्न अतृप्ति को परस्परता में बदलकर सहभाव-सहभोक्ता के रूप में अपने को बाँटना चाहती है। द्वैत के बिना, स्थूल द्वैत के बिना परस्परता जागती नहीं। कथा तत्त्व के लिए जो हेतु चाहिए, हेतु-व्यापार चाहिए—स्वार्थपरता, संगोपनशीलता, संघर्ष-सामंजस्य, कौतूहल आदि-आदि का उन्मेष बिना द्वैत के सम्भव कहाँ।

पारस्परिकता कथा का स्वभाव है। उस पारस्परिकता को संयोजन सूत्र में पिरोकर, रंगभूमि पर नाना चरित्र और स्थितियों के घात-प्रतिघात, तनाव-द्वन्द्व-टकराहटों आदि से कर्म और भाव की सलिला बहाना कथा-शिल्पी की दक्षता का प्रमाण है।

नागार्जुन की आँखें किस क़दर चमकती हैं!—लगता है ढोंग का....षड्यंत्र का अभी पर्दाफ़ाश कर के रख देंगी। उनकी आँखें देखकर (तौबा-तौबा अँधेरे में बिल्ली की चमकती हुई आँखें याद हो आती हैं...!) उनमें, उन आँखों में सन्देह का पैनापन जो सामने वाले के मर्म को बेधता-सा जान पड़ता है। उनकी कुछ कविताओं में भी ये आँखें, जलती-बलती हुई आँखें, ढोंग का पर्दाफ़ाश करती हुई आँखें दिखाई देती हैं।

केदार जी (केदारनाथ सिंह) की इधर की कविताओं को पढ़कर ऐसा लगने लगा है बल्कि यह विश्वास दृढ़ होता जा रहा है कि कविता रचने की उन्होंने एक

तकनीक गढ़ ली है। कोई ऐसी कल उनके हाथ आ गई है कि वे कविता चाहे प्रश्न से शुरू करें या किसी मंचीय किरदार से अथवा किसी सूत्रधार के बीज वक्तव्य जैसे मंत्र से या फिर किसी दृश्य बंध से या फिर किसी विस्मय-भरी भीतरी उथल-पुथल की ज्वार-भरी चुप्पी से, अन्ततः इस प्रक्रिया में काव्य-वस्तु को वे अपने औज़ारों (बिम्ब-प्रतीक आदि-आदि) से कुछ इस तरह तराशते चलते हैं कि ये सब औज़ार अपने संचालन में बहुत मुखर भूमिका दृश्य पट पर करते नहीं दिखाई देते। और वह काव्य-वस्तु एक काव्यात्मक कथानक को ऐसे रूपकमयी संसार से परिभाषित करने लगती है जो अपने इस रूपकत्व के कारण ही कवि के अभिप्रेत को, अनकहे आयामों को, सूत्र एवं संकेतधर्मिता के साथ एक कौंध की तरह उद्घाटित करता है। यह रूपक-सृष्टि में बदल देने का कारनामा वस्तुतः सब कुछ को समेटकर रूपायित कर परिभाषित करने की व्यग्रता का काव्यात्मक हासिल है।

केदार जी के भीतर का कवि ग़ज़ब का बुनकर है। वे 'नीटिंग' के कवि हैं। उनमें विचारों को बुनने की अद्भुत क्षमता है। यह विचारों का काव्यात्मक बुनाई में बदल जाना ही कविता की आयु है। यही कारण है, कि उनकी कविता में विचार कोरा विचार न रहकर अनुभव की एक लम्बी गूँज में रूपान्तरित होकर देर तक पाठक के दिलो-दिमाग़ में बस जाते हैं।

अगर ध्यान से कविताओं को पढ़ें तो यह भी दिखाई देगा कि केदार जी अपनी कविताओं में पैबन्दसाज़ी का काम बहुत ख़ूबसूरती के साथ करते हैं। एक अच्छे और दक्ष पैबन्दसाज़ वे इसलिए भी हैं कि अपनी कविताओं में वे विषय-वस्तु को जिस आख्यानपरकता के तन्तुओं से बुनते हैं उसका फ़ोकस किसी एक जगह नहीं रखते। आख्यान बिन्दुओं को निरन्तर विस्थापित और विस्मृत प्रायः करने के स्थान पर वे निरन्तर इस पैबन्दसाज़ी के जरिए विषय-वस्तु को भिन्न कोणों द्वारा प्रकाशित करते रहते हैं। इस प्रकार वे आख्यानपरकता के अदृश्य तन्तुओं से अन्तर्वस्तु को आलोकित करने के लिए निरन्तर आख्यान बिन्दुओं को परस्परावलम्बित आलोक के सापेक्ष अवकाश में रचते हैं। परस्परावलम्बित आलोक के इस सापेक्ष रचित अवकाश में ही एक वृहत्तर रूपक, परिधि की सघन व्याप्ति, काव्य में उस पैबन्दसाज़ी के अन्तर्गत दिए गए संकेतों आशयों अथवा छोड़ दिए गए अन्तरालों का संस्पर्श एक बहुमुखी अमूर्तन को मुखर करता हुआ कविता के अर्थ-आयाम और काव्यानुभूति के आयतन को बढ़ाता है।

एक विचित्र बात बल्कि अनोखी बात यह है कि अपनी तरह के अमूर्तन के साथ-साथ केदार जी की कविताओं के संरचनात्मक पैटर्न में आख्यानपरकता की

एक गन्ध छाई रहती है। गन्ध की यह अदृश्य डोर पाठक को आस्वाद के स्तर पर घेरे रहती है। बहुत सी कविताओं में यह काव्य तत्त्व की भाषिक अन्विति का काम करती है और उसमें चमत्कारिक योग देती है।

एक और अनोखी बात यह है कि केदार जी की कविताओं में दर्शन-चिन्तन का घोल नहीं मिलेगा। कम-से-कम उनकी कविताओं का महल चिन्तन के ऊपर टिका हुआ नहीं है। कुछ ऐसा देखने में आ रहा है, यानी फ़िलहाल मुझे यह लगता है कि आधुनिक (समकालीन कहना शायद ज़्यादा ठीक हो) कवियों के यहाँ दर्शन-चिन्तन की बुनियाद पर कविता का महल चिनने या खड़ा करने की प्रवृत्ति लगभग नहीं है।

कविता को दर्शन के पैरों पर नहीं खड़ा करते आज के कवि। क्या यह विशुद्ध भौतिकता का दबाव है कविता पर या कुछ और...। अब तो ऐसा लगता है कि यही हाल रहा तो कुछ दिनों में कविता के इलाके में दर्शन की एंट्री बैन हो जाएगी।

अज्ञेय : शब्दों की ओट में रहनेवाला कवि! इस पर शब्दों से शब्दों का आखेट कैसे किया जाता है कम कवियों को यह कला या कौशल प्राप्त होता है।

कवि देवेन्द्र कुमार (बंगाली जी) की यह कविता आज सुबह-सुबह पढ़ी। पढ़कर अवाक् रह गया। 'पैरों को चाट गए जूते जिन्दा हैं तो अपने बूते।' कितनी दूर तक जाती है इस पंक्ति की व्यंजना। इतनी मारक कि आज भी भीतर तक हिला देने वाली यह पंक्ति जिसने लिखी है उसने जीवन में चुपचाप क्या कुछ नहीं भोगा होगा। मौन में कितना मुखर है अपनी जाति का दंश और जातिगत अस्मिता और उसका दर्प। और सामाजिक व्यवस्था और राजनीतिक शोषणकारी तंत्र। 'पैरों को चाट गए जूते ज़िन्दा हैं तो अपने बूते।' जूते जो रक्षक थे वही पैरों (दलित-शूद्रों) को चाट गए, भक्षक बन गए। अघोषित में भी कितना घोषित है दलित-दर्द—इस पंक्ति से दलित कवियों को सीखना चाहिए। और दलित को ही क्यों, पूरे मनुष्य समाज को क्यों नहीं...।

मित कथन; फिर भी कितना सार गर्भित सारगर्भित। पूरी व्यवस्था को बेनक़ाब करता हुआ लेकिन पूरी काव्यात्मक गरिमा के साथ। जूते और बूते की तुक और फिर रूपक/अन्योक्ति और फिर कविता को दीर्घायु प्रदान करनेवाली भाषा की लोक शक्ति अर्थात् मुहावरे के से अन्दाज़ में विरल सत्य को औचक पकड़ने वाली शक्ति। क्या कुछ नहीं है इस एक पंक्ति में...।

सौमित्र मोहन जो भी करता है उसमें एक बड़प्पन झलकता है। यहाँ तक कि वह मुस्कुराता भी है तो उसी बड़प्पन के जल में डूबकर...ऐसे में उसकी आँखों में बोलती हुई-सी एक चमक तो होती है मगर दर्प नीचे कहीं गहरे में चला जाता है।

सौमित्र बहुत कम बोलता है। लेकिन यह न बोलना भी उसकी एक अदा है—इस अहसास से बेगाना रहता है। यानी बतौर अदा इसे वह ज़ाहिर नहीं होने देता। उसके हर काम में सलीक़ा और शाइस्तगी झलक मारती है। सौमित्र का कम बोलना पेशेवराना अन्दाज़ का हामी नहीं।

सौमित्र जब मुस्कराता है तो लगता है कि कायनात का बोझ हलका हो गया—लमहे-भर के लिए ही सही। मानो उसके ऊपरले होंठ के बीचोंबीच कोई चिड़िया चहककर उड़ गई हो आकाश में—सौमित्र से मुख़ातिब या उसकी ज़द में घिरे लोगों पर मानो एक मुक्ति का उजास फैल गया हो!

सौमित्र सामने वाले पर बेशक ग़ुस्सा न हो, आतंक न जमाए, ले-दे न करे और बाहर से देखने में जितना सॉफ़्ट लगे मगर भीतर-ही-भीतर वह एक धारदार इनसान है। शायद उसका सबसे बड़ा गुण यही दिखाई पड़ता है कि वह दूसरे पर अपने आप को कभी मुनहसर नहीं करके चलता। दूसरे की उपस्थिति या उसकी ज़रूरत को स्वीकार करता है लेकिन अगर सामने वाला उसके लिए तैयार या राज़ी नहीं है तो वह इसरार क़तई नहीं करता। बल्कि इसरार करने जैसी तमाम सूरतों को वह शायद मलियामेट कर देता है।—शायद यह स्वाभिमान बनाए रखने की युक्ति या अदा हो! लेकिन इधर मैं पिछले कुछ दिनों से देख रहा हूँ कि सौमित्र 'मैं' की जगह 'हम' बोलने लगा है। वह 'मैं' से 'हम' हो गया है—अब पता नहीं कि यह बुढ़ापे की दहलीज़ की ओर बढ़ते क़दमों की आहट से उपजा अतिशय विनम्रता-भरा स्वर है या फिर इस स्वर में दिग्गज हिमालयों को ठेलने वाला दम्भ और दम्भ की दिपू-दिपू...है!

शमशेर शब्द या लफ़्ज़ी किफ़ायत के ही कवि नहीं है बल्कि वे बहुत दूर तक अभिव्यक्ति की किफ़ायत के कवि भी जान पड़ते हैं। अभिव्यक्ति की यह किफ़ायत शिल्प से ज़्यादा अनुभव-विधान की ग्राह्यता को मूर्त और सम्प्रेषित करने की ओर ले जाती है।

कोई भी कला अपने में और मात्र अपनी प्रकृति में ही सम्पूर्ण नहीं होती। उसे अपने को पूर्णतर बनाने के लिए अन्य कलाओं को अपने में समाहित करना पड़ता है। विभिन्न कला-तन्तुओं की चारु तथा चार चाँद लगाने वाली कलनपूर्ण समाहिति कला विशेष को अन्य कलाओं के आस्वाद से भरकर अपने को पूर्णतर बनाती है।

शमशेर के काव्य में इस दृष्टि से 'शब्द' को देखें तो बहुत सम्भव है कि ऐसा लगे कि शब्द शब्द के लिए नहीं रखे गए हैं। वरन् वे उस अनुभव-विधान के मूल कारक या प्रेरणा से उपजे हैं जो कवि के मूल संवेगों के विस्तारक दृश्य-रूप या कि अनुभव के अन्तर आकाश में उगने अथवा तैरने वाले त्वरित गति के आद्य बिम्ब रहे हैं। त्वरित गति से मूर्त होने को उद्यत ये आद्य बिम्ब चेतना कैसे ग्रहण करें और फिर उन्हें किसी एक अनुक्रम में और साथ ही किसी अनुभव के विशिष्ट खंड में अटका-समाया विचार-प्रवाह अथवा उसकी कौंध को विशिष्ट कलात्मक संयोजन के साथ दूसरे तक पहुँचाया भी जा सके, इसी सारे बोझ को उन्होंने मानो 'शब्द' पर लाद दिया। ज़ाहिर है यह सारा बोझ वस्तुतः 'उस देखने' और 'उस अनुभव' के वैशिष्ट्य में था जो सबका अपना और अलग होता है।—जो 'हाऊ टू पर्सीव' या 'हाऊ टू कंसीव' में गुँथा रहता है। (यह 'हाऊ टू पर्सीव' की प्रक्रिया एक तरह से अनुभव खंडों का संघट्ट रूप भी है। यह अनुभव का फ्रोज़न फॉर्म—शिलीभूत रूप है, जो रुपायन से परे अभी अपेक्षाकृत कम अव्यक्त अव्याख्येय, एक अनुभव पिंड के से रूप में रहा आया है। मूर्त होने की प्रक्रिया में जो अपने मूल से विछिन्न होता हुआ एक नए रूप में परिभाषित करता हुआ, एक नई अस्मिता के साँचे में अपने को रचेगा-गढ़ेगा।)

हर कला दूसरी कला की मुहताज होती है। मुहताज होती है तो कहना ज़्यादती होगी। हाँ, मगर इतना तो कहा ही जा सकता है कि हर एक कला में अन्य कलाएँ भी अंशतः समाई रहती हैं। कौन-सी कला ऐसी है जिसे दूसरी किसी कला की दरकार नहीं। लेकिन इससे भी कहीं बड़ी बात यह है कि एक कला में

अन्य कलाओं का समावेश कितना और कैसा किया जाए कि वह कला, कला को और कला के अपने चरित्र-स्वभाव को अपेक्षाकृत अधिक व्यापक और सम्प्रेष्य बना सके और अनुभव की पूर्णता भी उसमें हो और नई सम्भावनाओं के नए द्वार भी...और नए अवकाश भी।

'वाद-विवाद संवाद' की भूमिका ('अनभै साँचा') में नामवर सिंह एक जगह लिखते हैं—"निबन्धों के अलावा विचारों के कुछ छोटे-छोटे टुकड़े भी हैं। दीवान में जैसे क़ते। पढ़ते-गुनते कभी-कभी टाँक लिये गए थे। जो अनायास मिल गए, वे दे दिए गए। ये लेख भी बन सकते थे पर ऐसी खींच-तान की कोशिश नहीं की गई। कभी-कभी पूरा निबन्ध लिख जाने के बाद लगता है कि यह बात तो एक वाक्य में भी कही जा सकती थी। धन्य हैं वे लोग जो एक वाक्य को खींचकर निबन्ध ही नहीं, प्रबन्ध तक बना डालने की क्षमता रखते हैं। अपने लिखे को छोटा करने का धीरज तो है, बड़ा करने की कला नहीं आती। कितना अच्छा होता कि एक वाक्य वाले निबन्धों की भी कोई विधा होती।"

इस आख़िरी जुम्ले पर मेरी निगाह अटक गई। इस पर मैं सोचता रहा। सोचता रहा कुछ देर। क्या नाम हो सकता है एक वाक्य वाले निबन्धों की नई विधा का...। नामवर जी में नएपन के प्रति कितनी ललक है यह सोचकर अच्छा लगा। नई विधा और उसका कोई (नया) नाम देने की ललक, इसे रचनाकार का लक्षण समझिए। सर्जना की आग यही तो है। जो प्यास का बोध करा दे वही तो 'सिरजना' है।—कुछ नाम भी मन में आए पर छोड़ों वह सब। फिर जैसे एकाएक मुझमें कौंधा (और मैं सीधे नामवर जी से मुख़ातिब होते हुए भी जैसे अपने ही से कह उट्ठा)...और सूक्तियाँ क्या हैं? निबन्ध ही तो हैं,...एक वाक्य वाले, नामवर जी, ये निबन्ध (एक वाक्य वाले) नहीं तो सूक्तियाँ और क्या हैं!

अस्ल बात तो यह भी है कि क्या वह वाक्य भी ऐसा है जो अपने में निबन्ध बनने का दम रखता है? ऐसा वाक्य भी तो पहले हो कोई। हर वाक्य तो ऐसा नहीं होता जिसमें निबन्ध-त्व की सम्भावनाएँ निहित हों। उसके लिए तो कोई ऐसा 'सुघड़' चाहिए जिसकी बात-बात में बात हो। तुलसीदास जी ने क्या ख़ूब कहा है—

तुलसी सुघड़ की बात में बात-बात में बात
ज्यों केले के पात में पात-पात में पात

विधा में क्या धरा है नामवर जी, छोड़ो। रूप ही है न।...विधा सुविधा के अलावा और क्या है। वह भी हमारी अपनी सुविधा के अलावा। ये और बात है इस सुविधा का भी चुनाव हम अपनी दुविधा के कारण ही करते हैं—यानी यह सुविधा भी उसी दुविधा से उपजी है। जन्म का मतलब ही दुई है, द्वैत है। इसी द्वैत भाव के अनेकानेक सम्बन्धों को हम नाम देते रहते हैं।...कवि नाम देना चाहता है हर चीज़ का। उसे उसके सही नाम (यह उसे ही लगता है कि अमुक का यही सही नाम है) से पुकारना चाहता है। इसके बिना उसे तसल्ली नहीं होती। बिना नाम दिए उसे चैन कहाँ! लेकिन कवि से भी आगे पहुँचे हुए कुछ ज्ञानी-सन्त कहते हैं—जितने भी नाम हैं सब उसी के तो हैं।—पर फिर भी नाम बिना काम नहीं चलता। और चीज़ों को नाम देना; यह भी एक काम है।

(नामवर जी!) ज़िन्दगी भर एक शायर अपने और ज़माने के जज़्बात की अक्कासी करता रहा और इस तरह अपने ही जाने हुए को नाम देते-देते जब वह थक गया और उसका पता न पा सका तो आख़िर हारकर ही उसने यह कहा होगा—

ये और बात है कि तआरुफ़ न हो सका
हम ज़िन्दगी के साथ बहुत दूर तक गए

—नरेश कुमार 'शाद'

'बड़ी मुश्किल से होता है चमन में दीदावर पैदा।'—सौन्दर्य को कौन देख पाया है...वह आँख कहाँ मिली है जो सृष्टि में व्याप्त सौन्दर्य को चीन्ह सके। और फिर सौन्दर्य को देखने वाली आँख मिल भी जाए तो उस सौन्दर्य की अखंडता का बयान करने वाली ज़बान किसे नसीब हुई है...उस अखंडता को वाणी देने वाला कवि कहाँ हैं। शमशेर ऐसे ही उन बिरले कवियों में हैं जिन्होंने सौन्दर्य को उसके अनावृत्त-लिबास में भी तर्ज़े-तकल्लुमथ्थकी एक तहज़ीब बख़्शी। सौन्दर्य को सहज भाषा में अनाहत रूप प्रदान किया।

आत्मा की अतल गहराइयों से निकली हुई कविता है शमशेर की। एक निर्विकार आत्मा के अन्तःकरण के आँगन में गुमसुम किसी बालक की-सी रूआँसे चेहरे पर डबडबाई अबोधता लिये हुए पवित्रता में नहाई शब्दों-से गढ़ी मूर्तियों जैसी—शमशेर की कविता।

अजब वैराग्य से ऊपजी उनकी कविता। उनकी कविता राग के उस अन्तिम छोर से अपनी ख़ूराक लेती है, जहाँ वैराग्य का निश्चल, निर्भ्रान्त पथ ही

बच रह जाता है। निपट अकेली राह, अपने से बेगाना, वहाँ दूसरा नहीं है, और अपना आप भी नहीं बचा है—कुछ-कुछ दरवेशाना सदा-सी। तभी तो शमशेर कहते हैं—

"तारों सी हैं मेरी बातें/अति सरल, अति दुर्बोध

जिसके लिए अज्ञेय कामना ही करते रह जाते हैं—
उसी एकान्त में घर दो
जहाँ पर सभी आवें :
वही एकान्त सच्चा है
जिसे सब छू सकें।

मुझको यही वर दो
उसी एकान्त में घर दो

कि जिसमें सभी आवें—
—मैं न आऊँ!

अनुभूति के इसी द्वार पर पहुँचकर शमशेर की कविता आसमान की-सी बोली बोलने लगती है। शून्य नभ उनमें आईने की तरह बोल उठता है। औघड़ सूफ़ियों की-सी अर्थातीत बचन-बानी में उनका कवि अपने आप के स्वत्व को जन में बाँटता-बिखेरता काव्य की सरहदों को भाषा की उँगलियों से छूता हुआ काल की सीमाओं के पार चला जाता है।

परम कौतुकी और क्रीड़ाभाव स्रष्टा का स्वभाव है। वह उसका आदि भाव है। गणनातीत रूपों में वह अपने को, अपने विकार को व्यक्त करता है—यह उसका धर्म है। होने-बनने और मिटने का कभी कहीं न ख़त्म होने वाला सिलसिला, परस्पर सम्बद्ध शृंखलाबद्ध रूपों का तनावयुक्त अविराम व्यापार उसकी नित्य प्रकृति है। अपनी हर सिहरन में सर्जना संकेत?

स्रष्टा कहीं नहीं है, हम सब में ही है वह। अपनी गोचर-अगोचर सृष्टि में ही। अपनी दृश्यमान सृष्टि में ही रहते हुए दृष्टि से दूर द्रष्ट्यातीत।

रूपों में अरूप-सा, दृश्य में भी अदृश्य-सा, गोचर में भी एक अगोचर, अनुभव में अतीन्द्रिय, मौन में मुखर सदा एक विराट की प्रतीति का भाव जगाता रहता है।

अज्ञेय की एक कविता है जो 'चक्रान्त शिला' खंड की पहली ही कविता है– कविता क्या है! कवि के भीतर विराट का जागरण है। कविता के बारे में कुछ और कहना शायद कविता को उसके भाव, उसके शब्दों को मैला या ओछा ही करना होगा। कुछ कविताएँ और कुछ अनुभव व्याख्यातीत होते हैं। छूने से, कहने से वे झूठे हो जाते हैं। इसलिए इस कविता के बारे में मैं कुछ नहीं कहूँगा। कवि की अनुभूति ने जो रचा-गढ़ा बस उसे देखें–

यह महाशून्य का शिविर,
असीम, छा रहा ऊपर :
नीचे यह महामौन की सरिता
दिग्विहीन बहती है।

यह बीच-अधर, मन रहा टटोल
प्रतीकों की परिभाषा
आत्मा में जो अपने ही से
खुलती रहती है।

रूपों में एक अरुप सदा खिलता है,
गोचर में एक अगोचर, अप्रमेय,
अनुभव में एक अतीन्द्रिय,
पुरुषों के हर वैभव में ओझल
अपौरुषेय मिलता है।

मैं एक, शिविर का प्रहरी, भोर जगा
अपने को मौन नदी के खड़ा किनारे पाता हूँ :
मैं, मौन-मुखर, सब छन्दों में
उस एक अनिर्वच, छन्द-मुक्त को
गाता हूँ।

(आँगन के पार द्वार : पृ. 33)

केदारनाथ सिंह की काव्य रूपी सुराही का मुँह छोटा है या बड़ा है, इस पर कभी-कभी आग्रह, अनाग्रह और दुराग्रह और पूर्वाग्रह इस क़दर चर्चा से बढ़कर विवाद का रूप तक धारण कर लेते हैं कि लोग यही भूल जाते हैं कि उसमें पानी भी है या नहीं। जब कि महत्त्व तो इस बात का होना चाहिए कि उसमें जल-तत्त्व, जो जीवनदायी है, भी है या नहीं। जल-तत्त्व के अभाव में सुराही का मुँह छोटा है या बड़ा–यह बहस ही अपने आप में बेमानी हो जाती है।

छायावाद क्या है–सोचते हुए पहले तो प्रसाद जी की तसवीर मेरी आँखों के सामने आ गई। फिर उनकी 'कामायनी' की वह पंक्ति कौंधी, जिसमें उन्होंने श्रद्धा की दैहिक संरचना का बखान करते हुए बताया है कि वह आपादमस्तक मधु-बिन्दुओं से ही रची गई है।

कुसुम कानन-अंचल में मन्द
पवन प्रेरित सौरभ साकार,
रचित परमाणु पराग शरीर
खड़ा हो ले मधु का आधार **('श्रद्धा' सर्ग)**

तो मुझे लगा छायावाद श्रद्धा की उस देह की अभिव्यक्ति में ही है।–देह भी लगभग विदेह से जा मिलने वाला अंकन! प्रेम ही प्रेम–सत्ता भी वही है, प्रति सत्ता भी वही। शोषक भी वही शोषित भी वही। द्वैत की लीला मिट गई है और सारे द्वैत मिटकर परम में समा गए हैं। प्रसाद जी के ही एक और गीत की पंक्तियाँ याद आ रही हैं जिनमें कवि की उत्कट चाह है–'मेरी आँखों की पुतली में/तू बनकर प्रान समा जा रे!' आगे इसी गीत में कवि स्मिति का वह चित्र बनाने का आग्रह करता है जिसके अधर पर 'मधु लेखा' अंकित हो–

खिंच जाय अधर पर वह रेखा–
जिसमें अंकित हो मधु लेखा,
जिसको यह विश्व करे देखा,
वह स्मिति का चित्र बना जा रे! **(लहर : पृ. 28)**

नकार या विरोध के जब समस्त रूप–जितने भी सम्भव हैं–मिट जाएँ और स्वीकार सत्ता के उस भाव में पहुँच जाए जहाँ नाद मात्र अमृत बन जाए–जिसे निराला ने अपनी तरह से 'मौन मधु हो जाए' कहा था।

फिर इसके बाद, कामायनी की ही वह पंक्ति कौंधी–

'उज्ज्वल वरदान चेतना का सौन्दर्य जिसे सब कहते हैं।'

प्रसाद जी ने तो सौन्दर्य की परिभाषा या सूत्र-संकेत देते हुए बताया है कि चेतना का उज्ज्वल वरदान ही वस्तुतः सौन्दर्य कहलाता है। मुझे लगा कि यही वह पंक्ति है जिसमें छायावादी कविता की भाषा-परिभाषा, चेतना-सौन्दर्य सब कुछ भास्वर है।

छायावाद ने भाषा के क्षेत्र में एक छलाँग तो लगाई, बहुत से विद्वान उसे उपलब्धि भी मानते रहे हैं। हाँ; लेकिन 'उप लब्धि' ही बस। छायावाद की काव्य-भाषा एक गढ़ी हुई भाषा है। उसे तत्कालीन कवियों द्वारा ठोक-पीटकर कविता लायक बनाया गया। शायद कहीं-कहीं तो इतना गढ़ा गया कि कैंडे में लाने की कोशिश में वह लड़खड़ा गई; और लड़खड़ा क्या गई, समझिए हास्यास्पद तक हो गई। आज का नया पाठक उसके भाषिक तेज का सामना नहीं कर पाएगा–जैसे बाहर की लगातार धूप झेलते हुए सहसा कोई भवन के भीतर प्रवेश करने पर कुछ नहीं देख पाता उसकी आँखों के सामने एकाएक अँधेरा-सा छा जाता है।

लेकिन फिर भी, छायावादियों ने अपने लिए एक काव्य भाषा की खोज की। ब्रजभाषा से अपना दामन छुड़ाकर खड़ी बोली को काव्य-संस्कार देने का संघर्ष अन्ततः इस रूप में प्रतिफलित हुआ। इसे बेहतर ढंग से यूँ भी कह सकते हैं कि चली आती भाषा में बात करना उन्हें गवारा नहीं था। उन्होंने अपने दिमाग़ की बात को अपने दिल की ज़ुबान में कहना कहीं ज़्यादा बेहतर समझा।

छायावादियों ने प्रेम; प्रकृति और सत्ता के रहस्यों को, वैयक्तिक अनुभूतियों की भाव प्रवणता को एक व्यक्तिगत भाषा रचकर उसे साहित्य की भाषा तो बना दिया (जो अपने आप में कम बात नहीं है और उसे एक महत उपलब्धि भी कह सकते हैं) लेकिन क्या वह भाषा हमारे अपने समय की भाषा भी बन सकी या ज़माने की बोली, दिल की ज़बान भी बन सकी? यद्यपि उन्होंने एक साँचा

गढ़ा और आने वाली कविता और कवियों को भाषा पर सोचने के लिए बाध्य किया, मजबूर किया।)

छायावादी काव्य भाषा ने जो सबसे महत्त्वपूर्ण किया वह यह कि भाषा को उन्होंने कान दिए। श्रुति का संस्कार दिया और दिया नादमय संसृति का बोध।

'राम की शक्ति पूजा' में 'शक्ति-पूजा' पद पर ध्यान दीजिए। 'शक्ति' कहने से ओज और वीरत्व की ओर ध्यान जाता है। 'पूजा' शब्द स्पष्ट है, किसी इष्ट के सम्मुख विनत भाव से पूजन-अर्चन की ओर संकेत देता है। 'शक्ति पूजा' पद में 'शक्ति की पूजा' का अर्थ तो स्पष्ट है ही पर फिर भी यह अर्थ पाने की लालसा जागती है कि कविता का मूल कथ्य 'शक्ति' (अर्थात् ओज और वीर भाव) तथा 'पूजा'–विनय मन से अर्चन भाव–दोनों भाव जगाता है। तो क्या एक साथ वीर और विनय का सहभाव है, परस्पर सहसम्बन्ध है। और परस्पर सहसम्बन्ध है तो इस सहसम्बन्ध का प्रयोजन क्या है।

वीर भाव का प्राचुर्य देख ही सम्भवतः साहित्य विद्वानों ने इसे 'हीरोइक पोयम' की श्रेणी में रखने योग्य माना है।

फिर दूसरा, कविता का आरम्भ 'रवि हुआ अस्त' से होता है। यह पूरी कविता पराजित मन में व्याप्त अंधकार की गाथा है। इस विरोधाभासी प्रकृति पर ध्यान दिया जाना चाहिए कि जिस छायावाद में 'स्वर्ण' शब्द की इतनी प्रचुरता रही है, भरमार रही है वहीं दूसरी ओर निराला में आलोक के साथ अंधकार और तमस भी कुछ कम नहीं है।

एक तरफ़ शक्ति एक ओर पूजा। एक ओर रवि दूसरी तरफ़ अस्त होना अर्थात् दोनों ही पदों–आलोक व अंधकार (आलोक=स्वर्ण तथा अस्त=अंधकार, तम) की पृष्ठभूमि में तत्कालीन स्वाधीनता आन्दोलन से संघर्ष कर अंग्रेजी दासता से मुक्ति-कामना ही की ओर तो संकेत नहीं है।

त्रिलोचन अभ्यास और अनुकरण के कवि नहीं हैं। वे अनुकरण अथवा अभ्यास के झरोखे के भीतर से काव्य-संस्कार नहीं पाते। बल्कि वे अपने सम्पूर्ण हृदय से,

मन से, चित्त से यहाँ तक कि सम्पूर्ण एवं अखंड जीवन से अव्यवहित रूप में जगत को देखते हैं। और सीधे देखते हैं बिना किसी आवरण के, बिना किसी व्यवधान के, बिना किसी बिचौलिए के। तब उनकी अनुभूति (का प्रकार) किसी बिम्ब-प्रतीक मूलक सृष्टि या रूपक कथा की मुहताज नहीं रहती और कविता के प्रचलित समस्त रूप-वेश अथवा आवरणों को भेदकर वह अपना पथ, अपना मार्ग यथाशक्य स्वयं प्रशस्त करती है। ध्यान दीजिए उनकी उस बहु उद्धृत काव्य पंक्ति पर–'...मुझमें जितना बल था अपनी राह चला' (यद्यपि 'आँखों में रहे निराला, मानदंड मानव के तन के मन के')। 'अपनी राह चला' पर ही कवि का विशिष्ट आग्रह है। यह उनका अपना बनाया हुआ ख़ुद का रास्ता है। इसी अर्थ में त्रिलोचन आवरण के कवि नहीं हैं। बल्कि कविता के चले आ रहे प्रचलित सभी साँचों को वे अस्वीकार करते हैं। लगता है जैसे उनकी अनुभूति को वह चला आ रहा साँचा अपर्याप्त जान पड़ता हो। अतः वे सभी आवरणों को हटाकर अपने को एक सपाट से लगने वाले मगर फिर भी एक विचित्र वेश और एक अनूठे रंग में रँगते हैं। इस अर्थ में वे अनावृत्त के कवि हैं। बल्कि (काव्य सज्जा के समस्त) आवरण का अभाव ही उनकी सज्जा है, उनका साज़ है। वे जीवन से सीधा सामना, सीधी बात करते हैं–(जिसे हमारे कुछ कवियों ने आधुनिकता के नाम पर 'जीवन का साक्षात्कार', 'सत्य से साक्षात्कार' या 'आत्म साक्षात्कार' जैसे शब्दों से महिमा मंडित करने का प्रयास किया है। इसीलिए मैं जान-बूझकर इस 'साक्षात्कार' से बच रहा हूँ।)–शायद इसीलिए उनका काव्य-साँचा अपने समकालीन कवियों में किसी से नहीं मिलता। एक अर्थ में त्रिलोचन (और उनकी कविता भी) इतने अलग हैं कि उन्हें उनके समकालीनों के बीच आप चाहें तो एक बेमेल-से दिखनेवाले कवि के रूप में भी देख सकते हैं। इसी बिन्दु पर आकर मेरे लिए वे और उनका काव्य विचित्र है–(यहाँ 'विचित्र' का अर्थ 'असाधारण', विस्मित कर देनेवाला', तथा 'अत्यधिक सुन्दर' की अर्थ-छायाओं में लेना चाहिए।)–इस 'विचित्र' की आहट उनकी कविता में बहुत जगह सुनाई देगी। वेदना के लीला-रूपों में भी और प्रमुदित मन के मुक्त व्यापार में भी। वेदना का एक रूप 'स्पष्टीकरण' शीर्षक सॉनेट में इस तरह प्रकट हुआ है कि अनुभूति में घटित व्यापार की कड़ियाँ इस क़दर शृंखलाबद्ध और संश्लिष्ट हैं कि अभाव से उपजे दुख और वेदना का वेग इतना सघन, अविछिन्न और अटूट है कि उसके प्रवाह का सातत्य, उसका नैरन्तर्य बाधित किए नहीं बनता। हर पंक्ति, हर पंक्ति में न्यस्त भाव एक-दूसरे से गुँथा हुआ, आबद्ध और परस्परावलम्बित है कि इस सॉनेट को बीच से या कहीं से भी

(कोई अंश) उद्धृत करना काव्यानुभूति की आन्तरिक संरचना के साथ खिलवाड़ होगा। इसी को ध्यान में रखकर मैं इस सॉनेट को यहाँ आद्यन्त प्रस्तुत कर रहा हूँ–

मित्रो, मैंने साथ तुम्हारा जब छोड़ा था
तब मैं हारा थका नहीं था, लेकिन मेरा
तन भूखा था मन भूखा था। तुमने टेरा,
उत्तर मैंने दिया नहीं तुमको : घोड़ा था

तेज़ तुम्हारा, तुम्हें ले उड़ा। मैं पैदल था,
विश्वासी था "सौरज धीरज तेहि रथ चाका"
जिससे विजयश्री मिलती है और पताका
ऊँचे फहराती है। मुझमें जितना बल था

अपनी राह चला। आँखों में रहे निराला,
मानदंड मानव के तन के मन के, तो भी
पीस परिस्थितियों ने डाला। सोचा, जो भी
हो, आँखों की करुणा का यह शीतल पाला

मन को हरा नहीं करता है। पहले खाना
मिला करे तो कठिन नहीं है बात बनाना।

(दिगन्त : पृ. 19)

त्रिलोचन के काव्य में भाषा की प्रकृति सार को पहचान कर, गहकर-समेटकर सूत्र रूप में प्रस्तुत करने की ओर अधिक है। और, सूत्र जहाँ होगा वहाँ कदाचित् संशय नहीं होगा। संशय और प्रश्नाकुलता भरी व्यग्रता न होने के कारण उनका काव्य स्वर न तो उग्रता भरा है और न ही उनकी काव्य-भाषा अपने बुनियादी चरित्र/स्वभाव में ध्वंसात्मक है और न उसकी मूल प्रवृत्ति विद्रोह की है। जिसे कविता में स्वर कहा जाता है (काव्य स्वर)–त्रिलोचन के मूल स्वर की निर्मिति में ध्वंस, आक्रामकता या विद्रोह (और हाँ, उच्छृंखलता भी...) का योग नहीं है। बल्कि इसके एक दूसरे ही छोर पर वह साधुता से उपजा (जिसे सन्तइ भाव भी कहा जाता है) करुणा में भीगा पुरुषार्थ का स्वर है।

त्रिलोचन के काव्य में सूक्तियाँ बहुत हैं; उन सूक्तियों की कविता में क्या भूमिका है इस पर विचार करना भी अपने आप में उपयोगी होगा।

सत्ता की राजनीति की तरह कविता (या कवियों) की दुनिया में भी क्या कोई **'कॉमन मिनीमम प्रोग्राम'** होता है...या कि हो सकता है। कितना हास्यास्पद है यह **पूछना ही**। लेकिन यह पूछना ही इस इस सवाल को (और जवाब को भी!) रेखांकित करने जैसा ही नहीं है क्या?—कि राजनीति और कला में जनतांत्रिक होना और जनतांत्रिक होने की प्रकृति और प्रक्रिया कितनी भिन्न है। कविता और राजनीति इस मामले में न केवल विमुख हैं बल्कि एक-दूसरे की ओर पीठ करके खड़ी हैं।

कभी-कभी ऐसा लगता है कि शमशेर (और शमशेर की कविता भी) कितने सरल हैं, सहज हैं और उन्हें समझना मुश्किल नहीं। पर फिर एकाएक चेतना पर धुन्ध-सी छा जाती है रागत्व की। और उनकी बातें बिम्बों की बदलियों-सी, आँखों के सामने आँख-मिचोली करती दिखाई देती हैं। फिर भी; उन्हें समझना मुश्किल नहीं लगता, मगर वे पकड़ में नहीं आते। उनका ही तो कहना है—

'तारों-सी हैं मेरी बातें
अति दुर्बोध अति सरल'

प्रसाद : प्रसाद अतीत के आइने को इतिहास-चिन्तन से प्रक्षालित करते हैं; बार-बार। शायद उन्हें भरम है कि खोया हुआ सांस्कृतिक गौरव और प्रेम (सम्बन्धों) की मादकता उन्हें फिर से मिल जाएगी।

...और आईना! अतीत का आईना वह (जो) इतिहास के चौखटे में जड़ा हुआ है।

अज्ञेय : शब्द की टॉर्च से सत्य की खोज करते-करते उन्होंने वाणी की माँ (धात्री, धाय, कोख़) अथवा पिता में मेरे ख़याल से पितामह अर्थात् महामौन में ही अपना घर बसा लिया।

निकले थे शब्दों से सत्य की खोज में। क्या पता था रास्ते में 'मौन' नाम का रहबर घेर लेगा। मौन क्या महामौन—मौन का भी बाप!

मुक्तिबोध : उनके शब्दों में त्रास का लावा है।

पूँजीपतियों की बनाई हुई दुनिया की गुफ़ा के 'डीलक्स' ताले को मुक्तिबोध 'डीक्लास' की कुंजी से खोलना चाहते हैं। 'डीक्लास' यानि महात्मा गाँधी का वही पुराना अमोघ अस्त्र। गाँधी और मुक्तिबोध में क्या कोई रिश्ता है!

कविता में या कला मात्र में मुहावरा रचा जाता है प्रायः दूसरे को अभिभूत कर क़ैद करने के लिए। कुछ-कुछ जादुई अस्त्र की तरह दूसरे तक पहुँचने...दूसरे के दिल में उतरने के लिए। लेकिन जब कवि-कलाकार ज़रूरत से ज़्यादा भरोसा कर उससे ख़ुद ही अभिभूत (और कभी-कभी लट्टू होने की हद तक) होने लगता है तो एक दिन जिस मुहावरे में उसने दूसरों को क़ैद करना चाहा था एक समय के बाद वह ख़ुद ही उसकी गिरफ़्त में आ जाता है। इसलिए मुहावरा रचिए मगर उसकी क़ैद से बचिए!

मुहावरा रचना जितना ज़रूरी है कहीं उससे ज़्यादा उसकी क़ैद से बचना ज़रूरी है। नहीं तो।—नहीं तो वही बात हो जाएगी :

उलझा है पाँव यार का ज़ुल्फ़े-दराज़ में
लो आप अपने दाम में सय्याद आ गया

...यह तो कुछ ऐसी ही बात हुई न कि जैसे बेध्यानी में अपना ही हथियार अपने पर चल जाए! बड़ी अजब सूरत है यह।

हालाँकि मुहावरा होता ही क़ैद करने के लिए है। उसकी फ़ितरत ही है यह।...बल्कि, ख़स्लत कहिए। कौन कवि, कौन समर्थ कलाकार ऐसा है जिसका रचना में अपना कोई मुहावरा नहीं है। और...और वह उसमें क़ैद नज़र नहीं आता। रामकुमार (चित्रकार) से बेहतर उदाहरण और क्या होगा। दूर ही से पहचाने जाते हैं। लाखों में उनका काम बोलता है बिना बताए। कविता में अज्ञेय अपने ही रचे गए निजी मुहावरों में क़ैद। कहानियों में निर्मल वर्मा। इससे आगे हम शमशेर, मुक्तिबोध, त्रिलोचन, रघुवीर सहाय, धूमिल, केदारनाथ सिंह और विनोद कुमार शुक्ल पर भी कमोबेश इस दृष्टि से विचार कर सकते हैं। क्योंकि जिसका अपना कोई मुहावरा नहीं है उसे कोई घास नहीं डालता। उसका कोई बाज़ार-भाव नहीं है। क्योंकि यही मुहावरा उसकी पहचान भी तो

है। उसकी आइडेंटिटी। उसका अपना स्वतंत्र व्यक्तित्त्व जो रचना-कर्म में निहायत ज़रूरी और महत्त्व का है। यह मुहावरा उसकी अपनी आवाज़ है। उसका अपना अर्पित निजी स्वर। पुकार में ही स्वर का महत्त्व निहित है। और यह, पुकार... यह आवाज़ ही पहचान है; बशर्ते कि वह पुरअसर अन्दाज़ रखती हो।

मुहावरा : किसी दूसरे का कमाया हुआ सत्य है।

इसलिए मुहावरों में बात करना अपेक्षाकृत अधिक सहज और सरल भी होता है। पर यह देखना भी ज़रूरी और कभी-कभी लाज़िम हो जाता है कि कही गई बात में आपके अपने दिल की बात और बात का वह रंग...या रंगत भी दूसरे तक पहुँची जो सिर्फ़ आपकी अपनी और निहायत आपकी अपनी ही थी। उस अपनी और निहायत अपनी बात यानी स्वर...वेदना...मर्म को ही ख़ास उसी रंग में उस प्रकृति को सुरक्षित और अक्षुण्ण पहुँचाने के लिए ही दूसरे का नहीं अपना मुहावरा रचना पड़ता है। इसके बिना हम नए नहीं होते।

लय वह तत्त्व है जो (मेरी) अस्मिता के अखंडित की टूट को संगठित कर एक विशिष्ट प्रवाह में, एक 'लहरीले बेटूट' में गतिमान कर देश-काल में व्याप्त गतियों को सहभाव की संगति में ढालकर अन्तस को आन्दोलित करता है।

लय अर्थ को भेदती है...रहस्य मर्म को उद्‌घाटित करने का सूक्ष्मतर यंत्र है। क्योंकि शब्द नित्य है (शास्त्रों में उसे नित्य माना गया है)—उस नित्य की पहचान का संकेत-सूत्र लय देती है। लय हमें अर्थ के आईने तक ले जाती है...लय अर्थ का सुराग़ देती है। स्वयं वह अर्थ नहीं है लेकिन फिर भी अनुभूति के आयाम को छूती हुई सी, अनुभूति की उपज की ओर इशारा करती हुई सी...कुछ-कुछ अर्थातीत!

ताल : काल की माप। वह काल की माप में बँधकर गान को सम पर लाकर उस स्थिति की ज़मीन तैयार करती है जहाँ एक ही स्थान पर स्वर और ताल आकर

उद्दाम या उत्कंठित भाव से मिलते हैं—आह्लादित और उद्वेलित दूर से दौड़ती हुई लहर का जैसे चट्टान से टकराकर मोती-सा बिखर जाना।...संयोग भाव से उत्पन्न रंजकता।

ताल में स्वरों के लगाव-भराव से लय का सम्भार प्रवहमान रहता है और ताल ही वह कारक है जो गान में सम पर पहुँचने से पहले ही (उसमें) सम पर पहुँचने का आवेश भरता है। वास्तव में ताल हमारे गान में एक जगह बनाती भी चलती है जबकि अवकाश (Space) को कैसे बरतना है यह बन्दिश का काम है जिसमें सबसे अधिक अपना योग लय देती होगी; ऐसा मेरा अनुमान है। सम पर पहुँचने से पहले ही सम पर पहुँचने के लिए ताल जो आवेश जगाती है, उत्कंठा भरती है, कुछ-कुछ ऐसे जैसे चलने से पहले ही मंज़िल दीखने लगे--इससे बन्दिश में एक चुस्ती आ जाती है। यूँ तो सम लगाकर या दिखाकर गवैया हमें अपनी चाल की माप और चाल के अंदाज़ के साथ-साथ हमें और हमारे कानों को जगाने का संकेत देता ही चलता है।

ताल तो लय के अदृश्य ठीहे हैं...। सम, लय की राह में आनेवाले वे पड़ाव हैं जो मंज़िल की आहट भी देते हैं और उसके क़रीबतर पहुँचने के एहसास से श्रोता में ललक-पुलक भी भरते हैं और उत्कंठा भी जगाते हैं।

मुक्त छन्द की सार्थकता कवि के भाव-बोध अथवा कविता की वस्तु के वांछित अर्थ-भार को वहन करने में है। इसी गुण, इसी क्षमता और सामर्थ्य के कारण कवि छन्द की पारम्परिक ज़मीन को छोड़ता है और भाव-बोध को नए गति-प्रकाश में लाकर जगत से नया सम्बन्ध और नया संवाद स्थापित करता है। इसी प्रक्रिया में वह अपने मन में उठने वाले विचार, चिन्तन, अनुभव अथवा मानस में चल रहे विभिन्न मूर्त-अमूर्त व्यापार को एक नए देश-काल में रखकर एक नई लय की खोज भी करता है। इस तरह मुक्त छन्द अपनी प्रकृति में कुछ-कुछ सांगीतिक पहलुओं के साथ-साथ वास्तुकला की संरचनात्मक निर्मिति में योग देने वाले समन्वित घटक तत्वों के अपेक्षाकृत अधिक क़रीब दिखाई पड़ता है।

मुक्त छन्द में लय का पारम्परिक रूप नहीं होता। उसके विभिन्न लय-रूपों का सहसम्बन्ध कविता में एक नई गति और नया प्रकाश भरता है। विभिन्न

लय-रूपों का समावेश और तज्जन्य नए सम्बन्धों के सिलसिले...नए संवेगों का नया स्पर्श...लय से जागृत नए उन्मेष...।

कविता में तो लय; माला में सूत्र की तरह होती है। मेरा मतलब है–कविता में तो लय को माला में सूत्र की तरह होना चाहिए। लय वह डोर है जिसमें भाव और बोध के समस्त पुष्प गुँथे रहते हैं–भिन्न रहते हुए भी एक सहभाव के साथ, एक सहसम्बन्ध बनाए हुए।

अज्ञेय कविता में या तो बोलते कम हैं या फिर सोचते ज़्यादा हैं। और फिर उनका यह सोचना भी तौल-तौलकर सोचना है।–या कि सोच-सोचकर तौलना! और हद तो तब हो जाती है जब वे कवि से अचानक मौनी बाबा का चोला धारण कर लेते हैं। फिर तो यह चोला और कविता ही एक-दूसरे का पर्याय हो जाते हैं। पता ही नहीं चलता कि कविता ने चोले को पहना कि चोले ने कविता को धारण कर लिया है। शुरु-शुरु में तो फिर भी ग़नीमत थी कि उन्होंने शब्द और सत्य जैसे नाम रक्खे हुए थे। पहले तो 'आज तुम शब्द न दो, न दो' कहने से सरस्वती-शिशु की तरह शब्द उन्हें मिल जाता था–इसी संसार में उन्हें कहीं दिखाई दे जाता था। और उसमें सेंध लगाकर विस्फोटक से उड़ाने की बात करते थे। पर इतने से उन्हें सन्तोष कहाँ था। शब्द के अवश्य ही वे आराधक रहे पर वह उनकी मंजिल तो नहीं है। वह तो मात्र एक पड़ाव भर है। अन्ततः हैं तो वे मौन के चिर साधक ही न! क्योंकि आख़िर तो उन्हें यह कर दिखाना है कि 'शब्द सारे व्यर्थ हैं क्योंकि शब्दातीत कुछ अर्थ है'...यानी जो है वह शब्दातीत है। लेकिन क्या कुछ है...फिर ख़ुद ही तो कहते हैं कि 'कुछ अर्थ है' यानी अर्थ तो है, बेशक 'कुछ अर्थ है' ही क्यों न हो। यह अर्थ 'कुछ अर्थ' उन्हें सन्नाटे में बुनता और 'महामौन की सरिता' में दिग्विहीन बहता दिखाई देता है। भाषा के नाम पर अज्ञेय जिस शब्द का ओढ़ना-बिछौना लेकर कभी चले थे–मुट्ठी भर शब्दों में सृष्टि का सत्य क़ैद करने का–अब वह भी छिन चला। क्योंकि एक तो शब्द ही कितने थे...मुट्ठी भर शब्द। मुट्ठी भर शब्द भी कहाँ सिर्फ़ तीन–

मुझे तीन दो शब्द
कि मैं कविता कह पाऊँ।
एक शब्द वह :

जो न कभी जिह्वा पर लाऊँ।
और दूसरा :
जिसे कह सकूँ
किन्तु दर्द मेरे से
जो ओछा पड़ता हो।
और तीसरा : खरा धातु
पर जिस को पा कर पूछूँ
क्या न बिना इसके भी काम चलेगा?
और मौन रह जाऊँ।
मुझे तीन दो शब्द
कि मैं कविता कह पाऊँ।

(इन्द्रधनु रौंदे हुए ये : पृ. 98)

क्योंकि ज्यों-ज्यों उन्हें सत्य का अन्वेषण और साक्षात्कार होता गया शब्द की (और शब्द जिसे सूझता था उस कवि और कवि-चेतना की भी) बोलती बन्द होती गई और कविता अब कविता नहीं तथता हो गई। मौन शिखा पर थी अब राजती कविता कुल वल्लभ की प्रभा।

—यह कविता कुल वल्लभ की प्रभा ही वह 'कुछ अर्थ है' जो उन्हें सब कुछ की तथता' में दिखाई पड़ा। दिखाई भी क्या पड़ा अति विनम्र भाव से उन्होंने ख़ुद ही स्वीकार कर लिया कि–

श्रेय नहीं कुछ मेरा :
मैं तो डूब गया था स्वयं शून्य में–
वीणा के माध्यम से अपने को मैंने
सब-कुछ को सौंप दिया था–
सुना आपने जो वह मेरा नहीं,
न वीणा का था;
वह तो सब कुछ की तथता थी–

पहली बात तो यह कि डूबकर भी सब कुछ की तथता का संगीत सुनवा दिया, वह भी शून्य में डूबकर...और इस पर श्रेय भी कुछ नहीं (यानी कॉपीराइट भी नहीं)—यही तो लक्षण होते हैं महानता के। और दूसरी बात यह कि इस सृष्टि में 'कुछ अर्थ है' वह कम-से-कम दिखाई तो दिया, बेशक भले ही 'शब्दातीत' हो। वगरना तो दुनिया-जहान में आज तक निस्सारता और सारहीनता के बैरागी संगीत की बौखलाहट, चिल्लाहट, उकताहट का ही हठी संगीत सुनते आए थे।

पहली बार 'कुछ अर्थ है' का सारवान रागी संगीत की दिग्विहीन सरिता बही है जिसकी प्रतीक-भाषा आत्मा में अपने ही से खुलती रहती है। यह महानता से भी शायद कुछ आगे की चीज़ है, शायद क्लासिकी आधुनिकता जिसमें आधुनिकता उत्तर आधुनिकता, संरचनावादी जैसे वादियों के तमाम वसन-वेश गलकर लुगड़े-से झर जाते हैं।...और रह जाता है केवल सन्नाटा...सन्नाटे का छन्द। और फिर छन्द भी कैसा!

छन्द भी ऐसा जो 'छन्दहीन सब में गाता है।'

है न महानता की पराकाष्ठा कि तमाम आधुनिकता के बाप-दादाओं को पानी पिला दे और तमाम रहस्यवादियों और उलटबासियों के दादा कबीर के कुल-वंशियों को भी नाकों चने चबवा दे।

कविता में त्रिलोचन बहुत कम बोलते हैं। जीवन में और रोज़मरा की बातों में वे जितना वाणी-व्यय करते हैं और जितने ख़र्चीले हैं, शायद कविता में उतने ही विलोम।

वाक्य के प्रति उनकी बहुत निष्ठा है, जैसा हम देखते हैं अज्ञेय की शब्द के प्रति है। त्रिलोचन कविता में शब्द नहीं लिखते, वाक्य लिखते हैं—उनकी कविता में सौन्दर्य और सहजता जीवन-दृष्टि की है। उनकी कविता का सौन्दर्य लिबास में नहीं, मात्र रूपगत नहीं बल्कि अनुभव और संवेदन की निर्मिति में ही उसका सौन्दर्य है। यही कारण है उन्हें अलंकरण की बहुत कम दरकार होती है—लगभग न के बराबर। उनका सौन्दर्य 'नगई मेहरा' में मिलेगा, 'परदेशी के नाम पत्र' में मिलेगा, 'सचमुच इधर तुम्हारी याद तो नहीं आई' और 'चम्पा काले-काले अक्षर नहीं चीन्हती' जैसी अनेक कविताओं में मिलेगा—इनमें संघर्ष है लेकिन सहज-सुन्दरता के साथ; ओढ़ा हुआ नहीं। इसी के साथ वे वर्षा और वसन्त के भी कवि हैं।

शमशेर जी की कविताओं पर रंगों की दृष्टि से स्वतंत्र रूप से विचार किया जाना चाहिए। और; शमशेर ही क्यों, इस दृष्टि से शमशेर के साथ अज्ञेय और

मुक्तिबोध पर भी विचार किया जाना चाहिए। इससे कुछ और अर्थ खुलेंगे और...अनुभूति की सघनता और काव्य उन्मेष के नए आयामों का पता भी चल सकेगा। होने को तो गिरजाकुमार माथुर, केदारनाथ अग्रवाल में भी रंगों की दृष्टि से काम हो सकता है। और इस दृष्टि से पूरी नई कविता और प्रगतिशील कविता (दोनों) के कवियों पर समग्र रूप से विचार किया जाना चाहिए।

और हाँ; निराला को भूल गए। उनकी कविता में भी जो वर्ण छटा है उस सब पर काम करना बड़े काम की चीज़ हो सकता है। पूरे छायावाद में 'स्वर्ण' फैला हुआ है...'रजत' और 'रुपाभ' भी कम नहीं। फिर इस दृष्टि से और पीछे जा सकते हैं और विभिन्न काव्य-समयों में ही नहीं विभिन्न काव्य-संस्कृतियों में तुलनात्मक दृष्टि से भी कुछ महत्त्व का काम हो सकता है। बहरहाल! हो तो बहुत कुछ सकता है। पर...पर क्या करें जो...!

प्रश्नाकुलता के भीतर परिवर्तन की प्रछन्न कामना का बीज निहित रहता है। प्रश्नाकुलता यथास्थितिवाद को बर्दाश्त नहीं करती। अतः प्रश्नाकुल व्यक्तित्त्व किसी भी सम्प्रदाय के लिए न केवल असुविधाजनक होता है बल्कि वह उसके लिए ख़तरा भी बन सकता है। धर्म की ताक़त यह है कि वह आस्था का धीमा ज़हर देकर इस सारी प्रश्नाकुलता को और समस्त जीवन को एक उनींदेपन में बदल देता है। यानी तमाम उम्र एक लम्बी ऊँघ बनकर रह जाती है। दूसरी ओर इस प्रश्नाकुलता का सम्बन्ध अपनी परम्परा से भी है। परम्परा में इस प्रश्नाकुलता के लिए कितनी जगह है। परम्परा कहती है मैं सब जानती हूँ ये आधुनिकता और आधुनिकतावाद के बहुरंगी चोले हैं। मैं इन्हें ख़ूब जानती हूँ–ये सब भरमाने के नए-नए प्रपंच हैं। लेकिन प्रश्नाकुलता; सर उठाए बिना बाज़ नहीं आती। वह आस्था को बार-बार ठेंगा दिखाती है। आख़िर उसे अपनी मौत मरने के लिए अपना ही अर्जित जीवन जीना है। क्योंकि स्वर्ग तो अपने मरने ही से मिलेगा न आख़िर! बहरहाल आस्था तो कहती है कि मुझे ध्याओ, तलकर, घोल-बघारकर कहने की आदत छोड़ो–चिल्लाओ मत, चुप हो जाओ, मुझे ध्याओ! आधुनिकता घुटने नहीं टेकती। वह अपने पंखों पर सवार होकर जीवन-जगत का रहस्य तार-तार करने को उद्यत है। आस्था में नवाचार नहीं, उसका मार्ग

बँधा-बँधाया है। प्रश्नाकुलता को लीक पर चलने की आदत नहीं, अतः उसे आनन्द नहीं मिलता। वह अपनी उड़ान के लिए नए आकाश और नए अवकाश खोजने की चाह में भटकती है। आधुनिकता; जीजिविषा की इस नई भटकन का भी तो नाम है।

बावजूद आधुनिक कवि होने के, अज्ञेय में इस प्रश्नाकुल आलोचक व्यक्तित्त्व की छवि कुछ कमज़ोर जान पड़ती है। आधुनिकता की ताल पर गाते-गाते वस्तुतः कहीं गहरे अर्थों में आस्था की डोर से वे इस तरह भारतीय-संस्कृति और परम्परा की गोद में समाते जाते हैं कि विद्रोही की ललकार आस्था के द्वारा लील ली जाती है। अज्ञेय की आधुनिकता जैसे ही आध्यात्मिकता के गलियारे में प्रवेश करती है उसकी काव्य- दीप्ति मद्धिम पड़ने लगती है। 'काँप न यदपि दसो दिशाओं' या 'उड़ चल हारिल एक अकेला ओछा तिनका' वाला या 'ये मेघ साहसिक सैलानी', या यह क्षण हमको 'नहीं मिला है सेठों की फ़ैयाज़ी' से जैसी पंक्तियों में विद्रोही और विजेता का साहस बोलता है। आध्यात्मिक रुझान की ओर जैसे-जैसे कविता बढ़ती जाती है फिर वह पहले वाला स्वर, काव्य-तत्त्व क्षीण होता जाता है। कविता का रंग फ़ीका पड़ने लगता है...कविता का गूदा कम होता जाता है और अध्यात्म की ठठरी ज़्यादा दीखने लगती है।

ऐसा क्यों होता है? यह अज्ञेय की ही समस्या है या जीवन के अन्तिम दौर में पहुँचने पर जो रीतना है, क्षरण है वह अन्य कवियों में भी दिखाई पड़ता है?

कविता को आसमान की ओट भी चाहिए ताकि कवि स्वयं अदृश्य हो सके। और धरती का धानी आँचल भी चाहिए जो अपने दारिद्रय भरे फ़कीरी ठाट में भी गरबीला और उल्लसित रहता है।

... ...

मेरी आत्मा पर अक्षर तो ख़ुदे हुए हैं लेकिन मेरे पास वह आँख नहीं है जो उन अक्षरों को पढ़ने लायक़ बना दे। उस आँख के बिना मेरे अक्षर अनपढ़े ही रह जाएँगे। अपनी ही आत्मा पर लिखे हुए अक्षरों से मैं ही ख़ुद महरुम रहूँ...मैं ही अनचीन्हा रहूँ अपनी आत्मा पर खुदे अक्षरों से–इससे ज़्यादा आभागापन और क्या होगा!

मैं कविता नहीं लिखता।...कविता के बहाने मैं एक ऐसा घर बनाता हूँ जिसके आँगन में अपेक्षाकृत मुक्ति की चाह में जीते हुए आकाश को और आकाशीय सह-सम्बन्धों को धरती और धरतीवालों के सन्दर्भ में समझने की राह बना सकूँ। करोड़ों-करोड़ बरसों से धरती की कोख से जन्म लेती और सदियों से आसमान में लिखी चमकती इबारतों की मदद से अपनी आत्मा पर पड़ी छाप और लिख गए अक्षरों को ख़ुद अपने तईं पढ़ने लायक़ बनाना चाहता हूँ। मेरी इसी कोशिश और मेरी इसी चाहत को आप कविता कहना चाहें तो कह लें। मेरे लिए तो वह ब्रह्मांड को देखने-सुनने और उसमें तैरती अदृश्य तसवीरों को देखने और गूँजती लय-ताल युक्त स्वर ध्वनियों को सुनने-पकड़ने...अहर्निश व्याप्त रूपातीत विविधवर्णी गन्ध को छूने-परसने और समझने...और अपने में उस उजाले को समाने की सिर्फ़ एक कोशिश भर है। —इसी कोशिश के साथ मैं स्वयं अपने तक और आप तक पहुँच सकूँ; यह मेरी चाह है।

आसमान से आसमान तक कितनी अदृश्य भाषाएँ हैं।—अपने अनदीखे में दीखती-सी।...अपने अनसुने में सुनाई देती-सी। कुछ-कुछ जैसे संगीत में एक सुर से दूसरे सुर के बीच अवकाश में ठहरी श्रुतियाँ।

...जिस तरह मैं बनाता हूँ और पकाता हूँ उसी से फिर कविता मेरी हो जाती है। अस्ल स्वाद मेरे बनाने और पकाने के तरीक़े में है—चीज़ें तो मेरे सामने हैं, वे तो दी गई हैं...पहले से मौजूद।

नहीं...! शायद इससे भी आगे कहूँ तो कह सकता हूँ, जिस तरह जैसे-जैसे मैं बनता और अपने भीतर सीझकर पकता जाता हूँ उसी से फिर वह कविता मेरी होती जाती है। जिसके स्वाद में मैं और मेरा पकना 'मैं' और 'उस दी हुई चीज़' का पकना फिर अलग नहीं, दो नहीं, एक जान...एक प्राण होकर मुझसे भी परे हो जाता है...होता जाता है।—

मुझमें रहता हुआ भी मुझसे...मेरी पहचान से परे। मुझमें रहा आया काल-प्रवाह का कैसा अनोखा...कैसा अनचीन्हा-चीन्हा सम्बन्ध क्षण का लय-युक्त शाब्द-उत्पाद! काल की नदी के अविरल प्रवाह से बिंधे क्षण की नोंक पर ठिठका आस्वाद...कविता!

भाषा अनुभव का फूल ही तो है!

लिखता क्यों हूँ?...क्या कहूँ; लिखता क्यों हूँ? क्या यह सवाल किसी और से भी कभी इसी भाव से किया जाता है कि वह बस क्यों चलाता है...तुम सब्ज़ी ही क्यों बेचते हो? कभी नहीं पूछा जाता। शायद इसलिए नहीं पूछते कि हम जानते हैं कि सामान्यतः वह इनके पेट पालने का धन्धा है। यही उनका पेशा है, काम-धन्धा है; साधन है कमाई का या जीविकोपार्जन का। शायद धन्धा और पेशा तो मेरा या मेरे जैसे अन्य लेखक-कवियों का भी उनका अपना लेखन-रचना ही होता है। फिर भी वह वैसा धन्धा, वैसा काम या वैसा पेशा नहीं है—जैसा उनका जीविकोपार्जन वाला।

अब अन्य कला से जुड़े हुए लोगों यानी कलाकारों की बात करें। मेरे ध्यान में नहीं आता जब मैंने किसी को किसी गायक-वादक कलाकार से यह पूछते सुना हो कि आप तबला क्यों बजाते हैं? या आप गाते क्यों हैं या कि आप क्यों नाचते हैं? और कोई न पूछे वह तो एक बात है। शायद ही कभी अपनी ओर से किसी गायक-वादक-नर्तक-नर्तकी ने इसके बारे में लिखा हो कि आख़िर वह क्यों गाता है या वह नाचती ही क्यों है—कम-से-कम मेरे देखने-पढ़ने में नहीं आया। लेकिन लेखक से, कवि से यह नहीं हो सकता कि उससे यह सवाल न पूछा जाए कि वह क्यों लिखता है। इस क्यों के जवाब तो बहुत से हो सकते हैं (हो क्या सक़ते हैं होते ही हैं) मसलन अगर किसी के यह पूछने पर—कि आप क्यों लिखते हैं—कोई यह कह बैठे कि, अरे भई! कुछ तो करना ही है। कुछ और नहीं हो सका तो कविता लिखने लगे। कुछ नहीं करने से तो अच्छा है। ख़ाली रहकर ख़ामख़ाह इधर-उधर किसी से लड़ता-झगड़ता। उससे तो अच्छा ही है। इसलिए ये लड़ना-झगड़ना मैं कविता ही में कर लेता हूँ।

इसी लड़ाई में मैं अपने को पहचानता हूँ। अपने को भी और अन्य को भी। अपने आप को, अपने समाज को, अपने परिवेश को, पेड़-पौधों, धरती-आकाश को। समस्त चर-अचर प्राणी संसार को, सृष्टि को, उसके स्वर को, उसके स्वभाव

को और सबसे ज़्यादा ख़ुद अपने आप को और अपने प्रेम को, उस लय को जिसमें मैं रचता आया हूँ, अपने को...अपने से...अपने में।

मैं इसलिए भी लिखता हूँ ताकि मैं अपनी स्मृति से जब चाहूँ बात भी कर सकूँ। समय पड़ने पर उसे फिर जगा भी सकूँ। लिखना मेरी स्मृति को, जो करोड़ों वर्ष की धरोहर के रूप में मुझमें समाई है, उसी प्राकृतन स्मृति को संस्कार देता है। लिख-लिखकर मँजता जाता हूँ...और, और हो जाता हूँ। स्मृति के इसी आईने में कभी भविष्य की राहें भी सूझती हैं...इसी आईने में जनाक्रोश का आतशी राग भी कौंधता है...वेदना की नदियाँ और मुस्कुराहट के नीचे दबी आह के फूल भी खिलते हैं।

मैं क्यों लिखता हूँ? शायद होने के लिए...अपने होने के लिए मैं लिखता हूँ। इसी रचने के अर्थ में, आयाम में मेरा होना होना है। सहज होना। इसी सहज को, इसी होने को मैं रचने में पाता हूँ। स्मृति और भविष्य के बीच वर्तमान-सा होकर मैं पल-पल इसी में ज़िन्दा जलता हूँ। निरन्तर यह जलते जाना ही मेरा एक रूप है लिखने का। जलता हूँ इसलिए कि ज़िन्दा हूँ। जलता हूँ इसलिए कि रचता हूँ। रचता हूँ इसलिए कि ज़िन्दा हूँ!

...मेरी स्मृति...मेरी आसन्नभूत स्मृति मुझे रचती जाती है और मुझमें बसे रहे आए मेरे वर्तमान को भी रचकर नए आयाम देती जाती है जिससे आभास के नए क्षितिजों का प्रभास व्यापता जाता है।

मैं इसलिए भी लिखता हूँ कि मैं लय हो सकूँ। अपने को अपने में लय कर सकूँ। अपने को अपनी लय में स्थापित कर लेने के बाद मैं शेष सृष्टि से संवाद कर लय साध सकूँ–इसलिए लिखता हूँ। बाहरी तनाव के नाना रूप जो व्याकरण में अभिधार्थ हैं, ('एक्स्टेंशन') सृष्टि के भौतिक संघर्ष हैं और भीतरी और आन्तरिक तनाव (इंटेंशन) (लक्ष्यार्थ-व्यंग्यार्थ)–जो भीतरी संसार होने के कारण कदाचित् पराभौतिक (भी) हैं–में परस्पर एक सहज संगति बिठा सकूँ, इन तनाव-रूपों को निश्शेष कर अपने में ही अवस्थित इन दोनों दुनियाओं में सहसंवाद कर एक तान होकर एकलय हो सकूँ–इसी सहजता के लिए लिखता हूँ।

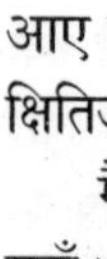

अर्थ : शब्द की गति...शब्द का गत्यात्मक प्रकाश।...शब्द की अपनी सत्ता का प्रसार। और उस प्रकाश के प्रसार का बीज प्रतीक रूप शब्द।

यानी अर्थ में समाया प्रकाश अर्थ का नहीं उस शब्द का है जिससे वह स्वयं है...वही बात 'यहाँ तक कि चाँद भी जितना उजाला है/उतना वह सूरज है।' लेकिन क्या बात इतनी ही है। बात तो इससे आगे यह भी है कि अर्थ का प्रकाश जो शब्द ही से निसृत है, शब्द का ही दिया हुआ है; ठीक है—लेकिन एक हद तक ही। सुनकर, पढ़कर, देखकर, समझकर जो समझ बनती है, सुधि जगती है, सूझ; तड़ित वेग-सी जो चेतन के समुद्र में वेगवती लहर-सी कौंध जाती है—अर्थ ग्रहण करने वाली सत्ता के भीतर—क्या वह कुछ नहीं...उसका अपना दिया हुआ प्रकाश (शब्द को मिला-पाया जो) कुछ नहीं...।

यह माना कि अर्थ में जो कुछ और जितना भी प्रकाश है अन्ततः सब शब्द का ही है। शब्द के ही माध्यम से पाया हुआ...शब्द ही से निसृत है पर उस में कुछ योग तो शब्द ग्राहक, ध्वनिग्राहक, अर्थग्राहक ग्राहकों के ग्रहक संग्राहक का भी होता होगा। अन्यथा उस शब्द की अर्थ सत्ता का, सत्ता के आयामों का, अर्थ-छटाओं, छवि-छायाओं, गूँज-अनुगूँजों का प्रसरण कहाँ होगा...कौन करेगा!

अर्थ को अन्ततः शब्द सत्ता का प्रकाश कहकर हम वस्तुतः प्रक्रिया की अनदेखी करते हैं (परिणाम पर पहुँचने की उतावली जो है)।

... ...

सत्ता; रूपों में बिखरी पड़ी है, नाना कोटियों में...संख्यातीत रूपों में।...उस आयाम का एक अर्थ और अर्थेतर पहचान 'शब्द' भी है। और शब्द ही क्यों, शब्दातीत स्वत्व भी—सम्यक् दृष्टि की ओर ले जाता हुआ...सम्यक् से मिलाता हुआ!

●●●